メディア・コントロール

ノーム・チョムスキー
Noam Chomsky

a pilot of wisdom

メディア・コントロール

——正義なき民主主義と国際社会

【凡例】

一、本文中、＊1 ＊2の番号をつけた人名は、巻末の「人名ノーツ」に収めた。

二、「火星から来たジャーナリスト」の原注は、（1）（2）で示した。

目次

メディア・コントロール

メディアの役割

現代政治におけるメディアの役割を見ていると、私たちはどういう世界に、いかなる社会に住みたいのかを自問させられる。そして、それが民主的な社会という答えになったとき、その「民主的」という言葉をどういう意味で用いているのかについて考えさせられる。

そこでまず、対立する二つの「民主主義社会」の概念から話を始めたい。

民主主義社会に関する一つの概念は、一般の人びとが自分たちの問題を自分たちで考え、その決定にそれなりの影響をおよぼせる手段をもっていて、情報へのアクセスが開かれている環境にある社会ということである。民主主義という言葉を辞書で引いてみれば、おそらくそのような定義が書かれているはずだ。

そして民主主義社会のもう一つの概念は、一般の人びとを彼ら自身の問題に決してかかわらせてはならず、情報へのアクセスは一部の人間のあいだだけで厳重に管理しておかなければならないとするものだ。

　そんな民主主義社会の概念があるかと思われるかもしれないが、実のところ、優勢なのはこちらのほうだと理解しておくべきだろう。これは現在にかぎったことではない。この考えは昔から実行されてきただけでなく、理論的にも通用してきた。一七世紀のイギリスに起こった初期の民主主義革命にも、たいていはこの考え方が示されていた。

　ここでは現代の事情に即して、この民主主義の概念がいかに発展してきたか、そこになぜ、どのようにしてメディアと情報工作の問題がからんできたのかをざっと見ていくつもりだ。

組織的宣伝の初期の歴史

まず、近代政府による最初の組織的な宣伝活動から始める。

それはウッドロー・ウィルソン[*1]の政権下で行われた。

一九一六年に、ウッドロー・ウィルソンは「勝利なき平和」を綱領に掲げて大統領に再選された。第一次世界大戦さなかのことである。世論は平和主義一色で、ヨーロッパの戦争にアメリカがかかわるいわれはないとされていた。

しかし実際には、ウィルソン政権は戦争に関与していったので、何らかの措置を講じる必要が生じた。政府主導の宣伝委員会——いわゆる「クリール委員会」——が設立され、半年足らずでみごとに平和主義の世論をヒステリックな戦争賛成論に転換させた。

戦争熱に浮かされた人びとは、ドイツのものをことごとく破壊してやりたい、ドイツ人を八つ裂きにしたい、戦争に参加して世界を救いたいと考えるようになった。ウィルソン政権によるこの作戦は大成功であり、さらには別の成果にもつながった。

戦中から戦後に、ヒステリックな「赤狩り」をあおるのにも同じ手法が使われ、組合をつぶし、報道の自由や政治思想の自由といった危険な問題を排除することにも首尾よく成功したのである。これにはメディアと財界からの非常に強力な支援があった。さらに言えば、メディアと財界はこの作戦のほとんどを組織し、推進したのであり、それは総じて大成功をおさめた。

ウィルソンの参戦の意向を積極的かつ熱狂的に支持した人びとの一部は、ジョン・デューイ[*2]を中心とする進歩的な知識人だった。デューイをはじめとする人びとがそのころに書いた文章を読めばわかるとおり、彼らは自分たちのような「社会の知識階層」が、躊躇する一般の人びとを鼓舞して、戦争にかりたてることができたことをたいへん誇りにしていた。実際には、人びとを怯えさせ、狂気じみた好戦的愛国精神を引きだしただけなのだが。

このときに使われた手口は半端なものではなかった。たとえば、ありもしないドイツ兵の残虐行為がいくつもでっちあげられた。両腕をもぎとられたベルギー人の赤ん坊など、ありとあらゆる暴虐の結果が、いまでも歴史の本に載せられているくらいだ。その大半は、イギリスの宣伝機関によって捏造《ねつぞう》されたものだった。彼らの目的は、当時の極秘審議録に書かれているように、「世論の動向を操作する」ことにほかならなかった。

だが、それよりも肝心なのは、彼らがアメリカ社会の知識階層の考えを操作しようとしたことだ。そうすれば、その連中がイギリスによってでっちあげられた宣伝を広め、平和主義の国を好戦的なヒステリー集団に変えてくれる。

その思惑は当たった。みごとに当たった。そして、これが一つの教訓となったのである。国家による組織的宣伝は、それが教育ある人びとに支持されて、反論し難くなったら、非常に大きな効果を生む。この教訓は、のちにヒトラーをはじめとして多くの者が学び、今日にいたるまで踏襲されてきている。

観客民主主義

これらの成功に大きく影響されたもう一つのグループは、自由民主主義を唱える理論家とメディアの有力者たちだった。

その代表が、アメリカ報道界の長老で、内政と外交政策の評論家にして自由民主主義の理論家でもあった、ウォルター・リップマン[*3]である。リップマンのエッセイ集を開いてみれば、あちこちに「自由民主主義思想の進歩的理論」というような副題が見つかるだろう。

実際、リップマンはそうした組織的宣伝を進める委員会にもかかわっており、その効果を充分に認識していた。「民主主義の革命的技法」を使えば「合意のでっちあげ」ができる、と彼は主張した。すなわち、新しい宣伝技術を駆使すれば、人びとが本来望んでいなかったことについても同意を取りつけられるというわけだ。

彼はこれをよい考えだと思ったし、必要だとさえ思っていた。なぜならば「公益に関することが世論から抜け落ちている」ように、公益を理解して実現できるのは、それだけの知性をもった「責任感」のある「特別な人間たち」だけだと考えていたからである。

この理論からすると、万人のためになる公益は少数のエリート、ちょうどデューイ派が言っていたような知識階層だけにしか理解できず、「一般市民にはわからない」ということになる。こうした考え方は何百年も前からあった。

たとえば、これは典型的なレーニン主義者の見方でもあった。革命をめざす知識人が大衆の参加する革命を利用して国家権力を握り、しかるのちに愚かな大衆を、知性も力もない彼らには想像もつかない未来へ、連れていくのだとするレーニン主義者の考えと、これはそっくりではないか。自由民主主義とマルクス・レーニン主義は、そのイデオロギーの前提だけをとってみると非常に近いのだ。私の思うに、それが一つの理由で人びとは自由民主主義からレーニン主義、あるいはその逆へと、自分では転向したという意識もなしにあっさりと立場を変えてしまえるのだろう。単に、権力がどこにあるかのちがいだけだからだ。

今後も大衆革命は起こるかもしれない。そうなれば知識人が国家権力を握れるだろう。あるいは革命など起こらないかもしれない。その場合は、真の権力者である財界のために働けばよい。だが、いずれにしても同じことだ。愚かな大衆は自分で状況を理解する頭がないと見なされて、指導者の意のままに未来へと誘導されるのである。

リップマンはこれを非常に精緻な進歩的民主主義理論によって補強した。正しく機能している民主主義社会には複数の市民階級が存在する、と彼は主張したのである。

第一の市民階級は、総体的な問題の処理に積極的な役割を担わなければならない。これは専門知識をもつ特別階級である。政治、経済、イデオロギーのシステムにおける諸問題の分析、実行、意思決定、管理をするこれらの人びとは、人口のごく一部でしかない。

当然ながら、この少数者のグループのなかからしか提案はでてこず、そのなかで「それ以外の人びと」をどうするかが検討される。このグループから漏れた人びと、すなわち人口の大部分を、リップマンは「とまどえる群れ」と称した。われわれは「とまどえる群れの横暴や怒号」から身を守らなければならない。

さて、これで民主主義社会には二つの「機能」があることになった。責任をもつ特別階級は、実行者としての機能を果たす。公益ということを理解し、じっくり考えて計画するのだ。その一方に、とまどえる群れがいるわけだが、彼らも民主主義社会の一機能を担っている。民主主義社会における彼らの役割は、リップマンの言葉を借りれば「観客」になることであって、行動に参加することではない。しかし、彼らの役割をそれだけにかぎるわけにもいかない。何しろ、ここは民主主義社会なのだ。そこでときどき、彼らは特別階級の誰かに支持を表明することを許される。「私たちはこの人をリーダーにしたい」、「あの人をリーダーにしたい」というような発言をする機会も与えられるのだ。何しろここは民主主義社会で、全体主義国家ではないからだ。これを選挙という。

だが、いったん特別階級の誰かに支持を表明したら、あとはまた観客に戻って彼らの行動を傍観する。「とまどえる群れ」は参加者とは見なされていない。これこそ正しく機能している民主主義社会の姿なのである。

第１次世界大戦への参戦を米議会で表明するウィルソン大統領（1917年）
巻末「人名ノーツ」参照

ジョン・デューイ
（1859-1952）
巻末「人名ノーツ」参照

ウォルター・リップマン
（1889-1974）
巻末「人名ノーツ」参照

この背景には一つの論理がある。至上の道徳原則さえある。至上の道徳原則とは、一般市民の大部分は愚かで何も理解できないということである。

彼らが自分たちの問題の解決に参加しようとすれば、面倒を引き起こすだけだ。したがって、彼らにそんなことを許すのは不適切であり、道徳原則に反する。われわれは、とまどえる群れを飼いならさなければならない。とまどえる群れの激昂や横暴を許して、不都合なことを起こさせてはならない。

これは三歳の幼児に一人で道路を渡らせないのとまったく同じ論理である。誰だって三歳の幼児にそんな自由は与えないだろう。三歳の幼児はその自由を適切に扱うすべを知らないのだ。それと同じように、とまどえる群れも行動に参加させるべきではない。面倒を起こすに決まっているのだから。

そこで、とまどえる群れを飼いならすための何かが必要になる。それが民主主義の新しい革命的な技法、つまり「合意のでっちあげ」である。メディアと教育機関と大衆文化は切り離しておかなければならない。政治を動かす階級と意思決定者は、そうしたでっちあげにある程度の現実性をもたせなければならず、それと同時に彼らがそれをほどほどに信じこむようにすることも必要だ。ただし、ここには暗黙の前提がある。

この暗黙の前提――これについては責任ある人びとさえも自分を騙さなければならないのだが――は、どうしたら意思決定の権限をもつ立場につけるのか、という問題に関係している。もちろんその方法は、「真の」権力者に仕えることだ。社会をわがものとしている真の権力者は、ごくかぎられた一部の人間である。

特別階級の一人がそこへ行って「あなたのために便宜をはかれます」と言えれば、彼は支配階層の一員になれる。でも、そんなことを公言してはならない。それを公言するのは、一部の私的権力の利益にかなう信念と教義を大衆に植えつけてきました、と言うのに等しいことだからだ。この技能を習得できないかぎり、特別階級の一員にはなりえない。そこで、一部の者を責任ある特別階級へといざなう教育のシステムが必要になってくる。国家と企業の癒着関係に代表されるような私的権力がどんな価値観をもち、何を利益としているかを、徹底的に教えこまなければならない。それが理解できたなら、特別階級の一員になれる。

残りのとまどえる群れについては、つねに彼らの注意をそらしておくことが必要である。彼らの関心をまったく別のところに向けさせろ。面倒を起こさせるな。何があっても行動を傍観しているだけにさせるのだ。例外は、真の権力者の誰かにたいする支持を表明させるときだけだ。そこでならとまどえる群れに選択をさせてもよいだろう。

このような見解を提唱してきた者は、ほかにもたくさんいる。そのほうがむしろ主流だったと言ってもよいだろう。著名な神学者で外交評論家のラインホールド・ニーバー[*4]もその一人だった。

「体制の神学者」とも呼ばれ、ジョージ・ケナン[*5]やケネディ政権の政策に大きな影響をおよぼしたニーバーによれば、理性はきわめて限定された技能なのだという。これをもっている人間はごく少数であり、大半の人間は感情と衝動に突きうごかされて行動している。理性をもった人間は「必要な幻想」をつくりだし、人の感情に訴える「過度の単純化」を提供して、純真な愚か者たちを逸脱させないようにしなければならない。これが現代政治学の主流となった。

一九二〇年代から三〇年代初めにかけて、現代コミュニケーション理論の基礎を築いたアメリカの代表的な政治学者、ハロルド・ラスウェル[*6]は、「自分たちの利益についての最高の判定者は自分たちであるとする民主主義の独断」に屈してはならないと説いた。

とんでもない。公益についての最高の判定者は、われわれなのだ。したがって、ごく当たり前の道義心から、われわれは大衆に誤った判断にもとづいて行動する機会をもたせないようにしなければならないのだ。今日のいわゆる全体主義国家や軍事国家だったら、それは容易なことだ。大衆の頭上に棍棒を振りかざして、彼らが逸脱しようものなら、その頭を思いきり殴ればよい。

だが、社会が自由で民主的になると、その手はもう使えない。したがって、組織的宣伝のテクニックへと方向転換しなければならない。明快な論理だ。組織的宣伝は民主主義社会にとって、全体主義国家にとっての棍棒と同じ機能をもつものである。じつに好ましい、賢明な手法ではないか。なぜならば、公益はとまどえる群れの手には負えないし、彼らはそれを理解できないからだ。

広報(Public Relations)

広報(PR)産業を開拓したのはアメリカである。業界の指導者たちも認めるように、その目的は「大衆の考えを操作する」ことだった。彼らはクリール委員会の成功や、「赤狩り」とそれにつづく世論形成の成功に多くを学んだ。

広報産業は巨大になり、一九二〇年代には大衆が企業の原則にほぼ全面的にしたがうまでになった。その成功があまりにもみごとだったので、一九三〇年代に入るころには、連邦議会の委員会がこの業界を調査しはじめたほどだ。このときの調査によって、私たちは広報産業に関して多くのことを知るにいたった。

広報は、いまや年間一〇億ドル近くが注ぎこまれる一大産業となっている。そして、その目的は一貫して「大衆の考えを操作する」ことだった。だが一九三〇年代に、第一次世界大戦時に生じたのと同様の大問題が発生する。大恐慌が起こって、堅固な労働者組織ができたのである。労働者は一九三五年に初めて合法的な勝利まで勝ちとった。労働者の団結権と団体交渉権を認めるワグナー法、いわゆる「一九三五年全国労働関係法」の制定によって、とまどえる群れが団結する権利を手にしたのである。

このために二つの深刻な問題が生じた。第一に、民主主義社会の機能がおかしくなってきた。とまどえる群れが合法的な勝利を勝ちとってしまったが、それは予定外のことだった。第二に、大衆の組織化が可能になりつつあった。大衆はばらばらに分断され、孤立していなければならないのだが。

大衆の組織化などあってはならないことだ。大衆が組織されれば、行動の傍観者にとどまらなくなる恐れがある。かぎられた資源しかもたない人びとが大勢集まって団結し、政治に参入できるようになったなら、彼らは観客ではなく、参加者になってしまうかもしれないのだ。それはまぎれもない脅威である。二度と労働者が合法的勝利を得ることがないように、民主主義社会を危うくする大衆の組織化がこれ以上進まないように、企業側は対策を講じた。その目論見は当たった。労働者はそのあと二度と合法的な勝利を得られなかった。

それ以降——第二次世界大戦中に組合員の数はいっとき増えたが、その後は減りはじめた——組合の活動能力は着実に弱まりはじめた。

これは偶然ではない。何しろ相手は財界である。こうした問題を処理するのにいくらでも金と労力をかけられる。知恵もある。広報産業を利用し、全米製造者協会やビジネス円卓会議などの組織に働きかけることもできるのだ。民主主義社会からの逸脱を食い止めるべく、彼らはすぐさま行動を開始した。

そして一九三七年に、最初の試みがなされた。ペンシルヴェニア州西部のジョンズタウンで大規模な鉄鋼ストライキが起こったときのことである。企業が労働者を制圧する新しい手法を試したところ、それがことのほかうまくいった。

用心棒の一団を雇って暴力に訴えたわけではない。そういう方法はもう通用しなかった。

彼らが採用したのは、もっと巧妙な組織的宣伝だった。スト参加者への反感を世間に広め、スト参加者は世間にとって有害な、公益に反する破壊分子だと思わせるのが狙いだった。公益とは、ビジネスマンも労働者も主婦もすべての人間を含む「私たち」全員の利益である。私たちは団結して調和をはかり、アメリカニズム（アメリカ第一主義）の名のもと、一緒になって働きたい。それなのに、スト参加者のような破壊分子が問題を引き起こし、調和を乱し、アメリカニズムを侵害している。

全員が共生できるように、私たちは彼らの活動を止める必要がある。企業の幹部も清掃人も、みな同じ利益を共有している。私たちは調和を保ち、ともに愛しあいながら、ともにアメリカニズムのために働けるはずだ。それが基本的なメッセージだった。企業は力を注いでこのメッセージを広めた。つまるところ、アメリカはビジネス社会である。企業はメディアを支配し、莫大な資源をもっている。実際、この作戦は非常にうまくいった。

これはのちに「モホークヴァレーの公式」と呼ばれ、ストライキを鎮圧するために繰り返し適用されたのである。この「ストライキ鎮圧の科学的手法」は、世論を動かしてアメリカニズムのような実体のさだかでない空疎な概念を支持させ、大いに効力を発揮した。

誰がアメリカニズムに反対できるだろう？　誰が調和に反対できるだろう？　あるいは湾

岸戦争のときのように、「われわれの軍隊を支持しよう」と言われて、誰が反対できるだろう？　誰が伝統的に幸せのシンボルとされる「黄色いリボン」に反対できるだろうか？　実体のないものには反対しようがないのである。

たとえば、アイオワ州の人間を支持しますかと問われたら、何と答えればいいだろう。はい支持しますとか、いいえ支持しません、などと言えるだろうか。それは質問ですらない。まったく意味がないのである。大事なのはそこだ。

広報のポイントは、「われわれの軍隊を支持しよう」というようなスローガンが何も意味していないというところにある。それはアイオワ州の人間を支持するかどうかを聞くのと同じくらい無意味なことだ。もちろん、問われてしかるべき問題はほかにあった。あなたは私たちの方針を支持しますか、ということだ。

だが、大衆にそんな問題を考えてもらうわけにいかない。それが宣伝を成功させるポイントである。必要なのは、誰も反対しようとしないスローガン、誰もが賛成するスローガンなのだ。それが何を意味しているのか、誰も知らない。

なぜなら、それは何も意味していないからだ。そうしたスローガンの決定的な価値は、それが本当に重要なこと、つまり「私たちの方針を支持しますか」という問いから人びとの注意をそらすことにある。

本当に重要な問いこそ、絶対に口にしてはならないものなのだ。だから、人びとに軍隊を支持するかどうかについて議論させておくのはかまわない。「もちろん支持しないわけがない」。そう言わせれば、質問したほうの勝ちだ。アメリカニズムや調和についても同じこと。私たちはみな一体です、と空虚なスローガンは言う。全員が力を合わせ、階級闘争とか人権というような与太話を吹きこむ悪い人間に、私たちの調和を乱させないようにしよう、というわけだ。

これは非常に効果的な方法であり、今日まで連綿とつづいている。そして、もちろん、入念に考え抜かれてもいる。広報業界の人びとは面白半分で、そこに身を置いているわけではない。彼らは仕事をしている。正しい価値観を世間に吹きこもうと努力している。

彼らの頭には、民主主義社会のあるべき姿が想定されている。それは特別階級が自分たちの主人のために、つまり社会の支配者のために働くことを、教えこむことができる体制でなければならない。そして、残りの人びとはいかなる組織にも所属させてはいけない。組織は面倒を引き起こすだけだからだ。

大衆はテレビの前にぽつねんと座って、頭にメッセージを叩きこまれていればよい。テレ

第２次世界大戦中に「銃後の女性」を称える米陸軍省のポスター（1943年）

ビはメッセージを繰り返す。人生の唯一の価値は、もっとモノを所有し、お前が見ている裕福な中流家庭のような生活をして、社会調和とかアメリカニズムのようなすばらしい価値観をもてることだ。人生にはそれしかない。

いや、それ以外のものがあるはずだと考える人が、あるいはいるかもしれないが、一人でテレビの画像を見つめているものだから、きっと自分のほうがおかしいのだと思ってしまう。テレビにはそれしか映されないからだ。しかも、組織のようなものがいっさい許されていないから——これが決定的なのだが——自分がおかしいかどうかを見きわめる判断の基準がない。結局は推測するしかなく、推測すれば自分がおかしいと思うのが自然である。

これこそ理想的だ。この理想を実現しようと、日夜たいへんな努力がはらわれている。明らかに、その背後には一つの想定があり、想定されている民主主義社会は、前述したようなものだ。とまどえる群れは厄介者でしかない。彼らの怒号や横暴は絶対に許してはならない。われわれは彼らの関心をそらしておく必要がある。彼らはスーパーボウルやホームコメディや暴力映画を観ていればよい。そしてときどき、「われわれの軍隊を支持しよう」といった無意味なスローガンを唱えてもらうのだ。

彼らをつねに怯えさせておくことも必要だ。自分たちを破壊しにやってくる内外のさまざまな悪魔を適度に恐れ怯えていないと、彼らは自分の頭で考えはじめてしまうかもしれない。それはたいへん危険なことだ。そもそも彼らには考える頭などないのだ。したがって、彼らの関心をそらし、彼らを社会の動きから切り離しておくことが重要である。

これが民主主義社会の一つの想定なのである。実際、ビジネス界に話を戻せば、労働者の法的勝利は一九三五年のワグナー法の制定で終わっている。戦争になると組合は衰退し、組合と結びついた労働者階級の文化も衰退した。それらは破壊されたのだ。

それ以後、アメリカは驚異的なほど財界が牛耳る社会になった。アメリカは国家資本主義を体制とする唯一の産業社会であり、他の産業社会に見られる通常の社会契約さえ存在していない。南アフリカを別にすれば、国家医療制度のない産業社会は、アメリカだけではないだろうか。こうしたやり方についていけない、日常の必需品を独力で得られない人びとのために、最低限の生活水準を保障するシステムさえ存在しないのである。

組合は存在しないも同然で、その他の大衆組織もないに等しい。政党も組織もない。少なくとも構造的に、理想にはほど遠い現状なのである。メディアは企業の占有物であり、いずれも同じような見解をもっている。

二大政党といっても財界という党の二つの派閥にすぎないのである。国民の大半は投票にも足を運ばない。わざわざ行くほどの意味があるとも思えないからだ。彼らは社会の動きから取り残され、うまいこと関心をそらされている。少なくとも、それが支配者の狙いなのだ。広報業界の大立者、エドワード・バーネイズ[*7]は、クリール委員会の出身である。彼はそこで教訓を学び、のちに「合意形成工作」なるものを発展させた。彼によれば、それが「民主主義の本質」なのだという。合意の形成を工作できる人びとは、それをするための資源と権力をもつ人びと、すなわち財界人であり、残りの人びとは彼らのためにひたすら働くのである。

世論工作

国民を鼓舞して海外への進出を支持させることも必要だ。普通、国民は平和主義にかたむくものだ。第一次世界大戦のときもそうだった。一般の人びとは、わざわざ外国に進出して殺人や拷問をすることにしかるべき理由など見出せない。

だから「こちらが」あおってやらなければならない。そして、国民をあおるには、国民を怯えさせることが必要だ。かのバーネイズには、この点でも重要な功績があった。一九五四年、バーネイズがユナイテッド・フルーツ・カンパニーのために広報作戦を展開すると、それに乗じてアメリカはグアテマラに進出し、資本主義を奉じる民主的な政府を転覆させ、凶悪な暗殺者集団が牛耳る社会を出現させた。

その体制は今日までつづいており、ずっとアメリカから支援されている。もちろん、アメリカの目的はグアテマラが空虚なかたちで民主的な偏向をしないようにすることだった。国民が反対する国内政策を実施するには、ごり押しをつづけるしかない。だが、国民にしてみれば、自分にとって有害な国内政策を支持するいわれはない。

この場合も、大々的な宣伝が必要になる。そういう例は、この一〇年のあいだにいくつもあった。たとえば、レーガン政権の数々の計画は、圧倒的に不人気だった。一九八四年の「レーガン圧勝」時にも、有権者のおよそ五分の三はレーガンの政策が法制化されないことを願っていた。軍備の増強にしろ社会的支出の削減にしろ、レーガンの計画はことごとく国民の強い反対にあった。

しかし、国民が社会の周辺に追いやられ、自分の本当の関心から目をそらされて、組織をつくることも自分の意見を表明することも許されず、他人も同じ考えをもっていることを知るすべさえなかったら、軍事支出よりも社会的支出のほうが大事だと考え、世論調査にはそのように答える人びとも、そんなばかげた考えをもっているのは自分だけだろうと思いこんでしまう。現実に、圧倒的多数がそう思いこんだのだ。

そういう意見はどこからも聞こえてこない。誰もそういうふうには考えていないのだろう。したがって、そういうことを考え、そういうことを世論調査で答えようとする自分はきっと変人にちがいない。意見を同じくする人、その意見に自信をもたせてくれる人、その意見を表明させてくれる人と知りあって団結する機会はどこにもないので、自分が変わり者のような、ひねくれ者のような気がしてしまう。

それなら黙っていたほうがいいではないか。世のなかの動きに関心を向けてもしかたがない。それよりはスーパーボウルでも観戦していたほうがましだ。

このように、彼らの理想はある程度まで達成されている。しかし、まだ完全というわけではなく、どうしても破壊できなかった機関がまだいくつか残っている。たとえば、教会はいまも健在だ。アメリカの異議申し立て活動の大半は教会から起こっている。

理由は単純で、教会がそこにあったからだ。ヨーロッパのどこかの国へ行って政治的な話をしようとすれば、おそらく組合の集会所がその場所になるだろう。それはアメリカでは考えられない。そもそも組合がないに等しく、あったとしても組合は政治的な組織ではないからだ。しかし、教会なら存在するから、おのずと教会で話をすることが多くなる。中央アメリカの連帯運動はほとんどが教会を起点にしているが、これも主として教会がそこにあったからなのだ。

だが、とまどえる群れは決して完全には飼いならされない。つまり、これは止むことのない戦いである。一九三〇年代には、反乱が起こっては鎮圧された。六〇年代にも、また新たな異議申し立ての運動の波が起こった。これには名前がついていて、特別階級が「民主主義の危機」と呼んだのである。

民主主義は一九六〇年代に危機に瀕したと見なされた。要するに、危機とは人口の大部分が組織をつくって活動するようになり、政治の分野に参入しようとしたことだ。前に述べた民主主義社会の二つの概念を思い出してほしい。辞書の定義にしたがえば、これは本来の民主主義の「前進」である。

しかし優勢なほうの概念にしたがえば、これこそ「問題」であり、なんとか打開しなければならない危機である。国民を再び無気力に、従順に、受動的にしなければならない。それが国民の本来の姿なのだ。どうにかして、この危機を打開しなければならない。そのためにいろいろな努力がはらわれたが、あまりうまくいかなかった。

民主主義の危機は今日までつづいているが、幸いにも国の政策を変えるまでにいたっていない。しかし多くの人の予想に反して、少なくとも意見を変えることはできている。

一九六〇年代以降、この慢性病を追い払い、打ち負かすために数々の努力が傾けられた。この病気のある側面には、専門的な名称までつけられている。「ヴェトナム・シンドローム（ヴェトナム戦争後遺症）」がそれだ。

一九七〇年ごろから使われはじめたこの名称は、おりにふれて定義されてきた。レーガンを支持していた知識人、ノーマン・ポドレッツ*8は、これを「軍事力の行使にたいする病的な拒否反応」と定義した。国民の大部分には、まさにそのような暴力にたいする病的な拒否反応があった。なぜあちこちへ行って人を拷問し、殺害し、絨毯爆撃などをする必要があるのか、国民にはさっぱり理解できなかった。

国民がこうした病的な拒否反応に圧倒されるのは非常に危険なことだ。これはヒトラー支配下のナチスの宣伝相ゲッベルスも理解していたことで、そうなってしまうと海外進出が困難になるからだ。湾岸戦争の興奮のなかで『ワシントン・ポスト』が得々と書いたように、

「軍事行動の価値」を重視するという考えを国民の頭に吹きこまなければならない。それは重要なことだ。国内のエリートの目的をはたすために世界中で武力を行使する暴力社会を理想とするなら、大衆に軍事行動の価値を正しく理解させ、暴力の行使に病的な拒否反応を引き起こさせないようにしなければならない。

ヴェトナム・シンドロームなどは克服しなければならないのだ。

偽りの現実を提示する

場合によっては、歴史を完全に捏造することも必要になる。

それが病的な拒否反応を克服する一つの方法でもある。誰かを攻撃し、殺戮しているとき、これは本当のところ自己防衛なのだ、相手は強力な侵略者であり、人間ならぬ怪物なのだと思わせるのだ。

ヴェトナム戦争が始まって以降、当時の歴史を再構築するために払われた努力はたいへんなものだった。あまりにも多くの人が、本当の事情に気づきはじめていたのだ。多数の軍人だけでなく、事実に気づいて平和運動などに参加した若者もたくさんいた。これはいかにもまずい。そうした危険な考えを改めさせ、正気を取り戻させなければならなかった。

すなわち、われわれのすることはみな高貴で正しいことだと認識させるのだ。われわれが南ヴェトナムを爆撃しているなら、それは南ヴェトナムを防衛しているからにほかならない。いったい誰から？　もちろん、南ヴェトナム人からだ。ほかの誰がそこにいただろう。ケネディ政権はいみじくも、これを南ヴェトナム「内部の侵略者」にたいする防衛と称したものだ。

この言い方は民主党の元大統領候補でケネディ政権の国連大使を務めたアドレイ・スティーヴンソンなども使っている。これを公式の見解とし、国民にしっかりと理解させなければならなかった。その結果は申し分がなかった。メディアと教育制度を完全に掌握していさえすれば、あとは学者がおとなしくしているかぎり、どんな説でも世間に流布させることができるのだ。

それを示唆する一つの例が、マサチューセッツ大学で行なわれた調査にあらわれている。これは湾岸危機にたいする姿勢についての調査だったが、実質的には人びとがテレビを見る

ニューヨーク5番街のヴェトナム反戦デモ（1968年）

戦闘中行方不明のヴェトナム未帰還兵のために
結ばれた「黄色いリボン」と星条旗（1995年）

ときの認識と姿勢についての調査に等しかった。質問の一つに、ヴェトナム戦争におけるヴェトナム人犠牲者は何人くらいと思うか、というのがあった。

今日のアメリカの学生の平均的な答えは、約一〇万人。公式の数字は約二〇〇万人である。実際の数字は、三〇〇万から四〇〇万といったところだろう。この調査を実施した人びとは、もっともな疑問を呈している。ホロコーストで何人のユダヤ人が死んだかと今日のドイツ人に聞いたとき、彼らが三〇万人と答えたならば、われわれはドイツの政治風土をどう思うだろう？　その答えから、ドイツの政治風土を推して知るべきではなかろうか？　質問者はあえて答えを求めなかったが、この疑問は追求する価値がある。その答えから、わが国の政治風土も推して知るべきではなかろうか？　その答えは、とても多くのことを語っている。

軍事力の行使にたいする病的な拒否反応をはじめ、民主主義からのもろもろの逸脱は阻止しなければならない。ヴェトナム戦争の場合、それはうまくいった。

そして、どんな問題の場合でも同じである。中東問題でも、国際テロでも、中米問題でも何でもいい——国民に提示される世界像は、現実とは似ても似つかぬものなのだ。その問題の真実は、嘘に嘘を重ねた堂々たるつくり話の下に葬られている。民主主義の脅威を防ぐという点からすれば大成功だ。しかも、それが自由な環境のもとで達成されているところがたいへん興味深い。アメリカはもちろん全体主義国家ではない。全体主義国家であれば、力ずくでその目的を達成することもできるだろう。

しかし、ここではそれが自由な環境のもとで達成されているのである。私たち自身のこの社会を理解したければ、こうしたところに目を向けなければならない。これらは重要なポイントだ。自分がどんな社会に住んでいるかをしっかり認識したければ、こうしたことを見過ごしてはならないのである。

異議申し立ての文化

このような抑圧を受けながらも、異議申し立ての文化は生き残った。

そして一九六〇年代を過ぎてからは、目覚しく成長している。一九六〇年代には、異議申し立ての文化の発展はひどく停滞していた。アメリカが南ヴェトナム爆撃を開始して数年が経過するまで、インドシナの戦争にたいする抗議はいっさいなかった。

運動がようやく大きくなりはじめたときも、異議申し立てに参加するのは学生や若者など、ごく一部の人びとだけだった。しかし七〇年代に入ると事情は一変する。環境運動、フェミニストの運動、反核運動など、主要な大衆運動が育ちはじめた。

八〇年代にはさらに気運が高まって、連帯運動にまで発展した。これはきわめて新しい、重要な運動である。少なくともアメリカではそうだが、おそらく世界の異議申し立て運動の歴史においてもあまり類のないことだろう。これは単なる抗議運動にとどまらず、別の場所で苦しんでいる人びとの生活をわがことのように考え、彼らと密接に結びつこうとする運動だったのだ。

参加者はこの運動から多くのことを学び、アメリカの一般的な視点を啓発する効果をもたらした。事実、アメリカは大きく変わってきている。この種の運動に長年たずさわってきた人は、みなそのことに気づいているにちがいない。

私自身がそうだ。今日《こんにち》、私はジョージア州の中央部やケンタッキー州の農村部など、この国で最も保守的だとされる地域でも講演をしているが、その内容は平和運動の最盛期に最も熱心な活動家を相手にしてすら話せなかったような事柄である。

それがいまは、どこでも話せるようになっている。同意する人もいれば、同意しない人もいるだろう。しかし少なくとも、こちらが何を言っているかは理解してもらえる。話を進めるための共通の基盤があるのだ。

これらはみな、啓発された効果の証《あかし》である。国民の思考を統制し、合意をでっちあげるべく徹底的な宣伝がなされたにもかかわらず、人びとは確実にものごとを見きわめる能力を獲得し、騙されまいとする意思を培っている。権力にたいする懐疑が育ち、あらゆる問題に向きあう姿勢に変わってきている。

それは緩やかな、遅すぎるくらいの変化かもしれない。しかし、確実に根付いている重要な変化だ。世界の動きに重要な影響をおよぼしうるほどに速やかかどうかとなると、これはまた別の問題である。こちらの代表例は、有名なジェンダー・ギャップである。

一九六〇年代に「軍事行動の価値」や軍事力の行使にたいする病的な拒否反応といった問題に関して、男女の意識差はほとんどなかった。男性にしろ女性にしろ、六〇年代の初めにそうした病的な拒否反応を示す者はいなかった。反応はみな同じで、外国の国民を抑圧するために暴力を行使して何が悪いのかと、誰もが思っていた。

しかし何年かすると、変化が現われた。病的な拒否反応がいたるところで高まった。それと同時に、男女差がだんだんと開きはじめ、いまでは非常に明確なギャップが生じている。

世論調査を見れば、およそ二五パーセントの開きがある。

どうしてこうなったのだろう？

それは女性が多少とも組織化された大衆運動、すなわちフェミニズム運動に参加したからである。組織には重要な効果がある。参加者に自分が一人ではないことを発見させるのだ。自分と同じ考えの人がほかにもいるとわかれば、自分の考えに自信がもてるし、その考えや信念に関してさらに多くのことを学べる。

これらの運動はいずれも自発的なものであり、会員制組織とはちがって、一般の人びとがたがいに影響をおよぼしあってこそ気運が高まっていく。そこには決して看過できない効果があらわれるのである。

それは「民主主義の危機」だ。組織が発展できるようになり、人びとがテレビの画面に釘づけにされているだけでなくなれば、軍事力の行使にたいする「病的な」拒否反応を示したり、その他もろもろのおかしな考えを抱く人間がでてきたりするかもしれないのだ。体制側からすれば、それは何としても打倒しなければならないのだが、いまのところそのようなことは成功していない。

敵の量産

前回の戦争（湾岸戦争）のことを話すかわりに、次回の戦争について話をしよう。

そうすれば備えができて、いざというとき慌てずにすむ。

（一九九一年の）いま、アメリカではきわめて典型的な事態の展開がある。これを経験するのは、アメリカが世界で初めてではない。国内の社会問題や経済問題が深刻化し、大混乱を引き起こしかねない状態になっているのだ。権力につらなる者のうち、これに対処しようとする者はいない。過去一〇年の政権の国内政策を――民主党の反対も含めて――見てみるがいい。

医療、教育、ホームレス、失業、犯罪、犯罪人口の激増、投獄率、スラム地区の治安の悪化など、これら数々の深刻な問題に、真摯な対策は何一つ講じられていない。こうした状況は誰でも知っているのだが、状況は悪くなる一方だ。

ジョージ・H・W・ブッシュ政権（一九八九―九三年）下の最初の二年間だけでも、貧困線以下の暮らしを余儀なくされる子供は三〇〇万人増え、債務はふくらみ、教育水準は低下し、国民の多くの実質賃金は一九五〇年代末と同じ程度に下落している。それなのに、誰も対策を講じようとしない。

こうした状況にあっては、とまどえる群れの注意を、何とかして別のところへそらす必要がある。彼らがこれに気づきはじめれば、不満が噴出するかもしれない。これによって苦しむのは彼ら自身だからだ。ただスーパーボウルやホームコメディをあてがっておくだけでは十分ではないかもしれない。ここはひとつ、敵にたいする恐怖心をかきたててやる必要がある。

一九三〇年代に、ヒトラーは国民を扇動してユダヤ人やジプシーへの恐怖心をかきたてた。自分を守るためには敵を叩きつぶさなければならないというわけだ。同じように、私たちにも私たちのやり方がある。この一〇年、一年か二年ごとに、ある種の強力な怪物がつくられつづけた。私たちはその怪物から自分を守らなければならないのである。

いつでも都合よくつくりだせる怪物は、かつてロシア人だった。ロシア人なら、つねに自らを守る必要のある敵に仕立てることができた。ところが昨今、ロシア人は敵としての魅力を失いつつある。ロシア人を利用するのは日を追って難しくなっている。そこで、何か新し

集結してヒトラーの演説を聴くナチスの突撃隊員たち（1936年）

「枢軸」を迎え撃つ
イギリス側のポスター

宣伝相ヨーゼフ・ゲッベルス
（1897-1945）

い怪物を呼びださなければならなくなった。実際、人びとはまったく見当ちがいの批判をジョージ・ブッシュに浴びせてきた。いま私たちが何に追いたてられているのか、彼ははっきりと示せないではないか、というのである。なんと身勝手な批判だろう。一九八〇年代半ばまでは、寝るときに「ロシア人がやってくる」というレコードをかけるだけでよかった。しかし、ブッシュにはもうその手が使えず、新しいものをこしらえなければならなかった。ちょうどレーガン政権の広報機関が八〇年代にやったように。

そこで、国際テロリストや麻薬密売組織、アラブの狂信者、新手のヒトラーたるサダム・フセインなどに、世界征服に乗りださせることになった。そうした輩《やから》を次から次へと出現させなければならないのである。国民を怯えさせ、恐怖におとしいれ、臆病にさせて、怖くて旅行もできない、家にじっとちぢこまっているしかない状態にさせる。

そうやって、グレナダやパナマあるいは対峙せずに叩きつぶせる無防備な第三世界の軍隊に大勝利をおさめる——それが現実だった。やっと一安心。われわれは土壇場で救われたわけだ。そう思わせることで、とまどえる群れの注意を周囲の現実に向けさせず、うまく気をそらさせたまま操作することができるのだ。

このあとにやってくるのは、おそらくキューバあたりだろう。それには不法な経済戦争の継続と、場合によってはとんでもない国際テロを再開することが必要になる。これまでに仕組まれた最大の国際テロは、ケネディ政権がキューバにたいして展開したマングース作戦と、それにつづくいくつかの政府転覆活動である。

これらに匹敵するテロ行為といえば、対ニカラグア戦くらいのものだろうか。これをテロと呼ぶのは、むしろ甘いかもしれない。国際司法裁判所は、これをほとんど侵略行為だと裁定している。イデオロギーがらみの攻撃は止むことがない。

架空の怪物を仕立てあげては、それを叩きつぶしに出向いていく。もっとも、相手に反撃する力があれば侵攻できない。それはあまりに危険すぎる。しかし、相手をつぶせると確信できれば、おそらく私たちはそれを倒して、また安堵の吐息をつくだろう。

認識の偏り

恐ろしい敵をでっちあげることが長きにわたってつづいてきた。その例をいくつか紹介しておこう。

一九八六年五月に、獄中から解放されたキューバの政治犯、アルマンド・バヤダレスの回想録が出版された。メディアはさっそくこれに飛びつき、盛んに書きたてた。メディアはバヤダレスによる暴露を「カストロが政敵を処罰し、抹殺するために巨大な拷問・投獄システムを用いていることの決定的な証拠」と評した。

この本は「非人間的な牢獄」や血も涙もない拷問についての「心を騒がせる忘れがたい記述」であり、また新たに登場した今世紀の大量殺人者の一人のもとで行なわれた国家暴力の記録である。

この殺人者は、少なくともバヤダレスの本によれば、「拷問を社会統制の手段として制度化する新しい独裁政治を構築している」のであり、「［バヤダレスが］暮らしていたキューバはまさに地獄だった」。

これが『ワシントン・ポスト』と『ニューヨーク・タイムズ』に掲載された批評である。カストロは「独裁的な暴漢」と称された。極悪非道な彼の行為はこの本で完全に暴露されたことでもあり、「よほど軽率で冷酷でもないかぎり、この暴君を擁護する欧米の知識人はまず皆無だろう」（『ワシントン・ポスト』）とされた。

だが、これはある個人の身に起こったことの記述である。

これがすべて真実だとしよう。バヤダレスは拷問されたと言っているのだから、彼の身に起こったことについて疑義を呈するのはやめよう。ホワイトハウスの人権デー記念式典で、バヤダレスはロナルド・レーガンから名指しされ、血に飢えたキューバの暴君の恐ろしい残虐行為に耐えぬいた勇気を称えられた。

その後、バヤダレスは国連人権委員会のアメリカ代表に任じられ、そこでエルサルバドル政府とグアテマラ政府を擁護する意向を述べた。いくら仕事とはいえ、バヤダレスの被害もささやかに見えるほどの残虐行為を非難されている両政府を、どうして擁護できるのだろうと思うが、それが現実なのである。

これは一九八六年五月のことだった。なるほど、合意のでっちあげとはこんなところから始まるのかもしれない。同じ五月に、エルサルバドル人権擁護委員会の生き残りメンバー——指導者たちは殺されていた——が逮捕され、拷問された。

そのなかには、委員長のエルベルト・アナヤも含まれていた。彼らはエスペランサ（「希望」の意）監獄に送られたが、獄中でも人権擁護運動をつづけた。法律家のグループだったので、囚人から宣誓供述書を取りつづけた。監獄には全部で四三二名の囚人がいた。彼らが署名した四三〇人分の宣誓供述書には、囚人たちが受けた電気ショックをはじめとする残虐な拷問について詳細に記されている。

制服を着たアメリカ合衆国陸軍少佐に拷問された囚人もいた。この少佐については、かなりくわしい記載がある。これは非常に明白かつ包括的な宣誓証言であり、拷問部屋で起こっていることに関して、他に類を見ないほど綿密に記録されている。この一六〇ページからなる囚人の宣誓証言の報告書は、受けた拷問について獄中で証言する本人たちを撮影したビデオテープとともに、ひそかに監獄からもちだされた。そして、カリフォルニアのNGOであるマリン郡インターフェイス・タスクフォースによって配布された。

ところが、アメリカの全国紙はこれを報道するのを拒んだ。テレビ局はビデオ放映を拒否した。マリン郡の地元紙『サンフランシスコ・エグザミナー』に短い記事が掲載されたが、私の知るかぎりそれだけである。誰もこの一件に触れようとしなかった。同じころ、他方ではかなりの数の「軽率で冷酷な欧米の知識人」が、ホセ・ナポレオン・デュアルテ[*9]やロナルド・レーガンを公然と称賛していた。アナヤにはいかなる賛辞も呈されなかった。彼は人権デーの式典に招かれもしなかったし、何の公職にも任命されなかった。それどころか、捕虜交換で釈放されたのち、彼は暗殺されてしまったのだ。犯人は明らかに、アメリカを後ろ盾にした治安部隊だった。

この事件に関する情報はほとんど表面にあらわれていない。この残虐行為が暴露されていたら――事実を公表せず、一切を伏せておくかわりに――アナヤの生命が救われていたかどうか、メディアは決して追及しなかった。

この一件からも、うまく機能している合意でっちあげシステムがどれほど効果的かがわかる。エルサルバドルのエルベルト・アナヤが暴露したことにくらべれば、バヤダレスの回想録など、大きい山の隣のエンドウ豆ほどの重みもない。しかし、人にはそれぞれの役割があり、それが私たちを次の戦争へと導いていく。次回の作戦が実行されるまで、私たちは何度もこれを聞かされるのだろう。

前回の作戦についても少し述べておこう。手始めに、前述したマサチューセッツ大学での調査の話をしたい。この調査からは、いくつかの興味深い結論がでている。質問の一つに、違法な占領や深刻な人権侵害を正すためにアメリカは武力介入すべきだと思うか、というものがあった。約二対一の割合で、アメリカ国民はそうすべきだと考えていた。違法な土地占拠や「深刻な」人権侵害があった場合には、われわれは武力を用いるべきである、と。

アメリカがこの助言にしたがうなら、私たちはエルサルバドル、グアテマラ、インドネシア、ダマスカス、テルアビブ、ケープタウン、トルコ、ワシントンなど、あらゆる国の都市を爆撃しなければならなくなる。それらはみな違法な占拠や侵犯や、深刻な人権侵害という条件を満たしているのである。こうした事例の多さを知っていれば、サダム・フセインの侵略や残虐行為も、多くの事例のうちの一つでしかないことがよくわかるだろう。フセインがやっていることは、とびきり極端な行為ではないのだ。

どうして誰もこのような結論に到達しないのだろう？

それは、誰も事実を知らないからだ。うまく機能している宣伝システムのもとでは、いま私があげたような多数の事例について誰も知りえないのである。きちんと調べてみれば、これらの事例がまぎれもない事実だとわかるはずなのだが。

湾岸戦争時に危うく気づかれそうになった一つの事例を取り上げてみよう。

爆撃作戦のさなかの二月、レバノン政府はイスラエルに、レバノンからの即時無条件撤退を求める国連安保理決議四二五号にしたがうように要求した。この決議が採択されたのは、一九七八年三月である。以後、イスラエルにレバノンからの即時無条件撤退を要求する決議は二つあった。もちろん、イスラエルはどれも守らなかった。占領をつづけることをアメリカが裏で支持していたからだ。一方、南レバノンは恐怖におちいっていた。大きな拷問部屋までありそこで、身の毛のよだつようなことがつづいていた。ここを基点として、レバノンの他の地域にも攻撃が加えられた。

一九七八年以来、レバノンは侵攻され、ベイルートは爆撃され、約二万人が殺された。犠牲者の八〇パーセントは民間人である。病院も破壊された。テロ、略奪、強盗が横行した。にもかかわらず、アメリカはそれを是認した。これはほんの一例である。

メディアにはまったく取り上げられなかったし、イスラエルとアメリカが四二五号をはじめとする国連安保理決議を守るべきかどうかが議論されることもなかった。また、国民の三分の二が支持する原則にしたがえば、アメリカはテルアビブを爆撃するべきなのに、それを要求する者はいなかった。

誰がどう言おうと、これは違法な占領であり、深刻な人権侵害である。そして、これは一つの事例にすぎない。もっとひどい事例もある。インドネシアは東ティモールを侵略して、約二〇万人を殺害した。この一件とくらべれば、どんな事例も瑣末に見える。アメリカはこれにたいしても積極的な支援を与え、いまなお外交と軍事の両面で強力に支援しつづけている。こういう例はいくらでもあげられるのだ。

うまく機能している宣伝システムがどれほどの効果をあげるか、わかってもらえただろうか。国民は、アメリカがイラクやクウェートに武力を行使するのは、不法な占領や人権侵害には武力をもって対抗すべきだという原則にしたがっているからだと思いこまされている。この原則がアメリカの行動に適用されたなら、どんなことになるかを国民はわかっていない。徹底的な宣伝がみごとに成功した結果である。

湾岸戦争

もう一つの事例を見てみよう。

八月（一九九〇年）以降の湾岸戦争の記事をたんねんに調べてみれば、いくつかの重要な意見が欠落していることに気づくだろう。たとえば、イラク人のなかにもフセインに敵対する民主主義の信奉者がいる。非常に勇気のある、決して小さくない反対勢力である。もちろん、彼らの活動拠点は国外の亡命先だ。イラク国内にいたら殺されてしまうからだ。

彼らは主にヨーロッパにいて、銀行家、技師、建築家として働いている。彼らには明確な意見があり、それを伝える手段もあり、実際に発言もしている。

去る二月、サダム・フセインがまだジョージ・ブッシュの大切な友人であり、イラクが貿易相手国であったころの話だ。反対派筋の情報によると、彼らはわざわざワシントンまでやってきて、イラクに議会制民主主義を確立したいので何らかのかたちで支援してほしいと訴えたという。だが、彼らの訴えはにべもなく拒否された。アメリカはそんなことにまったく興味がなかったのだ。そして、これにたいする反応は公の記録にまったくあらわれていない。

八月以降、彼らの存在を無視するのはいささか難しくなった。アメリカは八月に、長らく可愛がってきたサダム・フセインをにわかに敵視するようになったのである。そこに、この件について言いたいことがあるにちがいない反対派のイラク人による民主主義勢力が存在した。

サダム・フセインが腸を抜かれ、身体を八つ裂きにされるのを、彼らはぜひ見たいはずである。フセインは彼らの兄弟を殺し、姉妹を拷問にかけ、彼ら自身を母国から追いだしたのである。ロナルド・レーガンとジョージ・ブッシュがフセインの頭を撫でていたあいだ、彼らはずっとフセインの暴政と戦ってきた。

彼らの声は届いただろうか？　全国のメディアを眺めかえし、八月から三月（一九九一年）までのあいだにイラク人民主主義者の反対勢力についての報道がどれくらいあったかを確認してほしい。これが、皆無なのである。

彼らに意見がなかったわけではない。彼らは声明を発表し、提案をし、呼びかけをし、要求をだしていた。それらを見れば、アメリカの平和運動となんら変わらないことがわかるだろう。彼らはサダム・フセインに反対しているが、イラクとの戦争にも反対だ。誰だって自分の国を破壊されたくはない。

彼らが望むのは平和的な解決であり、それがかならずしも無理な願いではなかったことも間違いなくわかっていた。しかし、それは誤った考え方なので、彼らは無視された。

イラクの民主主義者の反対勢力について、私たちは何も聞かされていない。彼らについて知りたければ、ドイツやイギリスの新聞を見るしかない。さほど多く書かれているわけではないが、アメリカの新聞よりも厳しく統制されていないので、少しはものが言えるのである。

これは組織的宣伝の恐るべき成功である。第一に、イラクの民主主義者の声は完全に排除されている。そして第二に、誰もそれに気づいていない。これも興味深いことである。国民がどれほど思考統制を受けているかがわかるだろう。

湾岸戦争に備えてサウジアラビアの砂漠に展開した米第１機甲師団
（1990年11月）

イラク軍攻撃のため北上する米海兵隊装甲車輌部隊（1991年2月）

イラクの民主的な反対勢力の声が聞こえてこないことに気づかず、したがってアメリカ人は聞こえてこない理由を問うこともなく、明白な答えを知りえないように仕向けられている。なぜ聞こえてこないのか。それは、イラクの民主主義者にはしっかりとした考えがあるからだ。彼らは国際平和運動に賛同している。だから、彼らは許容されない。

ところで、湾岸戦争はなぜ起こったのだろう。戦争の理由はいちおうあげられていた。侵略者が報いられることは許容できないし、侵略があれば暴力に訴えてもすみやかに侵略者を追い返さなければならない――これが湾岸戦争の理由だった。これ以外に、基本的な理由は何もあげられていないのである。

だが、こんなことが戦争を始める理由になるのだろうか？　アメリカは、そんな原則――侵略者が報いられることは許容できないし、侵略があれば暴力に訴えてもすみやかに追い返さなければならない――を掲げているのか？

私がくだくだしく言うまでもないだろうが、少しでもものの道理をわきまえていれば、こんな主張には十代の子供でも二分で反駁できる。にもかかわらず、これらの主張はまったく反駁されなかった。

全国のメディアを見てみるといい。リベラル派の時事解説者や評論家、議会で宣誓証言した人びとでもいい。そのなかに、アメリカがそのような原則を掲げているという前提に疑問を投げた人がいただろうか？　アメリカは自国のパナマ侵攻に反対して、侵略者を追い返すためにワシントンを爆撃するべきだと主張しただろうか？

一九六九年に南アフリカのナミビア占領が違法だと裁定されたとき、アメリカは食料や医薬品について制裁措置をとっただろうか？　戦争におもむいただろうか？　ケープタウンを爆撃しただろうか？

いや、アメリカは二〇年間「静かな外交」をつづけていた。その二〇年間も、決して波乱がなくはなかった。レーガンとブッシュの時代だけでも、南アフリカによって約一五〇万人が周辺諸国で殺された。

南アフリカとナミビアで起こったことは忘れよう。どうしてか、それは私たちの感じやすい心をゆさぶらなかったのだ。アメリカは「静かな外交」をつづけ、結局は侵略者が報酬を手にするのを許した。侵略者にはナミビアの主要港と、安全上の懸念を払拭する数々の便宜が与えられた。私たちが掲げていた原則はどこへ行ったのだろう？

繰り返すが、それが戦争におもむく理由にならないのは、子供でも論証できる。私たちはそんな原則を掲げてはいないからだ。ところが、誰もそうしなかった——重要なのはそこなのだ。そして、当然の結論を、誰も指摘しようとはしなかった。戦争をする理由は一つもない。皆無である。

分別のある子供が二分で反駁できる理由以外に、戦争をする理由は一つもなかった。これもまた、全体主義文化の一つの特徴である。考えると恐ろしいことだ。私たちはすっかり全体主義に染め上げられ、正当な理由もなしに、レバノンの要求や懸念に誰も気づかず、流されるようにして戦争におもむけるのだ。なんと衝撃的な事実だろう。

爆撃が開始される直前の一月半ば、『ワシントン・ポスト』とＡＢＣネットワークによる大がかりな世論調査が興味深い事実を明らかにした。国連の安保理がアラブとイスラエルの紛争問題を取り上げることを交換条件として、イラクがクウェートからの撤退に同意するとすれば、あなたはこれを支持しますかという質問にたいし、三人に二人が支持すると答えたのである。イラクの民主的な反対勢力を含めて、全世界も同意見だった。

アメリカ国民の三分の二はこれを支持しているという報告もあった。この考えを支持した人びとは、おそらくそう考えているのは世界で自分一人だと思ったのではあるまいか。だが、これがいい考えだという意見はいっさい報道されなかったのである。

ワシントンが二つの事態の「結びつき」になることに、つまり外交上の手段に頼ることに反対するよう求めているのはわかっていた。だから誰もがおとなしく命令にしたがい、誰もが外交処理に反対したのだ。各新聞の解説欄を探してみるといい。『ロサンゼルス・タイムズ』でアレクサンダー・コバーン[*10]がこれを名案だと書いているのが見つかるだろう。

この質問に答えた人びとは、そう考えているのは自分一人だと思っただろう。それでも、それが自分の考えなのだ、と。

彼らが自分一人でないことを知っていたら、イラクの民主的な反対勢力など、ほかにも同じ考えの人がいると知っていたら、これが決して仮定としての話ではなく、イラクがまさにそれを申し入れていたことを知っていたら、どうだったろう。

その申し入れは、ちょうど八日前に合衆国高官によって公表されていた。一月二日、国連安保理がアラブ・イスラエル間の紛争と大量破壊兵器問題を検討するのと引き換えに、イラクがクウェートからの全面撤退を提案してきたことを合衆国高官が公表していたのだ。

しかしアメリカは、クウェートが侵攻される前から、この件について交渉の席につくのを拒否してきた。この提案が実際に申し入れられていたこと、広く支持されていたことが知られていたら、どうか。

実際、これは平和を望む理性ある人なら誰でもするはずの提案である。他の場合ならそうするだろう。やむを得ず侵略者を追い返すことを望む場合には、こう提案するだろう。それを人びとが知っていたら、どうか。ちがう意見もありうるだろうが、私の思うにこの三分の二が九八パーセントまで上がったのではあるまいか。

ここに、組織的宣伝の大成功があった。おそらく調査に答えた人のうち、誰一人としていま述べたようなことを知らなかったのだろう。誰もが自分一人だと思っていた。だから表立っての反対がないまま、戦争の方針が進められたのである。

制裁措置が効くかどうかは、何度も話しあわれた。CIA長官が呼ばれて、制裁措置の有効性が論議された。しかし、まったく論議されなかった問題もある。それよりはるかに明白な、制裁はすでに効いているのではないかという問題だ。答えはイエスである。

八月末にはおぼろげに、一二月末には確実に答えがでていた。そうでなければ、イラクの撤退申し入れの理由など考えられない。イラクが撤退を申し入れたのはたしかであり、合衆国高官がそう公表してもいる。

それによれば、イラクは「真剣」であり、「交渉に応じる用意ができて」いた。したがって本当に考えるべきは、制裁がすでに効果をあげている可能性だった。

出口はあるのか？　国民も、世界も、イラクの民主的な反対勢力も納得できる打開策があ

湾岸戦争時にイランで掲げられた「反サダム・フセイン」のポスター

るのか？

こうした疑問が話しあわれることはなかった。うまく機能している宣伝システムにとって、それは絶対に話しあってはならないことだったのだ。だから、共和党全国委員会の責任者は、民主党が政権についていたら、クウェートは解放されていないだろうなどと言えるのだ。

そう言われても、民主党は誰も反論しないだろう。もし自分が大統領だったら、今日どころか半年前にクウェートは解放されていただろう、当時たしかにチャンスがあったのだから、自分ならそれを追求していただろう、そうすれば一万人が殺されることもなく、環境破壊もなく、クウェートは解放されていただろう、とは言わないのである。

なぜなら、そんな姿勢の民主党員はいなかったからだ。ヘンリー・ゴンザレス[*11]とバーバラ・ボクサー[*12]はそういうスタンスをとっていた。しかし、そのような人たちの数はあまりにも少なく、存在しないも同然なのだ。民主党の政治家がほとんど反論しないのをいいことに、共和党全国委員長（九一年当時）クレイトン・ヤイター[*13]は好き勝手なことを言っている。

イラク軍のスカッド・ミサイルがイスラエルを襲ったとき、これを称える報道機関はなかった。これもまた、うまく機能している宣伝システムの興味深い一例である。

なぜ称えないのだろう？　よく考えてみれば、サダム・フセインの主張はジョージ・ブッシュの主張と変わらなかったではないか。それはどういうことかと言えば、レバノンを考えてみればいい。サダム・フセインは、併合に耐えられないのだと言っている。

彼はイスラエルが安保理の満場一致の合意に反して、シリアのゴラン高原や東エルサレムを併合するのを見ていられない。彼は併合に耐えられない。侵略に耐えられない。

イスラエルは一九七八年以来、安保理の決議を無視して南レバノンを占領している。その間に、イスラエルはレバノン全域を攻撃し、いまなおレバノンの大部分を思うさま爆撃している。フセインはそれに耐えられない。

彼はひょっとすると、ヨルダン川西岸でのイスラエルの残虐行為に関するアムネスティ・インターナショナルの報告書を読んでいたのかもしれない。彼はひどく心を痛めている。そんなことには耐えられない。アメリカが拒否権を発動するから制裁は使えない。交渉しようとしても、アメリカに妨害される。残る手段は、武力の行使しかないではないか?

フセインは何年も待っていたのだ。レバノンの場合は一三年、ヨルダン川西岸の場合は二〇年。こんな主張を、前にも聞いたことがあるだろう。この主張と前に聞いた主張との唯一のちがいは、サダム・フセインには本当に制裁や交渉が有効でないと言えたことだ。

なぜなら、アメリカが妨害するからなのだ。しかし、ジョージ・ブッシュにそうは言えない。制裁は明らかに効果があったし、交渉も確実にできるはずだった。ただ、ブッシュはその道を選ぶのを頑として拒否し、交渉はありえないと明言したのである。誰か新聞でこれを指摘した人がいただろうか？　いない。これは込み入った話ではない。ものの道理をわきまえている子供なら一分で理解できることだ。しかし、時事解説者も社説担当の記者もこのことを指摘しなかった。これも全体主義文化がみごとに浸透している証拠である。合意のでっちあげがうまく成功しているのである。

最後に一言。こんな例はいくつもあげられるし、探せばさらに見つかるだろう。

サダム・フセインは世界征服をもくろむ怪物だと、多くのアメリカ人が本気でそう信じている。この考えは、繰り返し人びとの頭に刷りこまれてきた。フセインはすべてを手に入れようとしている。ただちに彼を止めねばならない。だが、フセインはいつそれほど強大になったのだろう。イラクは産業基盤ももたない第三世界の小国である。それに八年間もイランと戦ってきた。当時のイランは直前の革命で多くの士官を殺され、兵力の大半を失っていた。一方、イラクはこの戦争で多少の支援を受けていた。ソ連、アメリカ、ヨーロッパ、アラブの主要国、そしてアラブの石油会社がイラクを後押ししていた。それでも、イラクはイランに勝てなかった。そんな国が突如として世界征服を目論んでいるという。

誰かこの点を指摘した人がいただろうか。つまるところ、イラクは農民部隊しかもたない第三世界の一小国である。要塞化だの化学兵器だの何だのと、大量の偽情報が流されていたことも認められつつある。だが、それを指摘した人がいただろうか。どこを探しても、これを指摘した人はまず見つからなかった。例によって例のごとし。

一年前にも、まったく同じことがマヌエル・ノリエガ[*14]に関して行われた。

たしかに、マヌエル・ノリエガは人殺しだが、ジョージ・ブッシュが友人としていたサダム・フセインや北京の人びと、あるいはジョージ・ブッシュ本人とくらべればかすんでしまうほどに地味な人殺しでしかない。悪党にはちがいなかろうが、私たちが好むような世界クラスの大悪党ではない。ノリエガ像は実際以上に誇張されていた。

ノリエガが麻薬の売人を引きつれてアメリカを破壊しにやってくる。われわれはただちに行動し、彼を叩きつぶさなければならない。

そう言ってアメリカは何百、何千という人を殺し、全体の八パーセントほどにしかならない白人の少数独裁組織に権力を戻して、米軍将校にパナマの政治体制を全面的に支配させた。どうしてこんなことが必要だったかと言えば、自分たちを守らなければならなかったからだ、怪物に破壊されそうだったからだ、という。

そして一年後、同じことがサダム・フセインによって行われた。

この点を誰かが指摘しただろうか？　何が起こっているのか、なぜそうなっているのかを説明した人がいただろうか？　そんな人間はよほど苦労して探さなければ見つからないにちがいない。

これはクリール委員会がやったことと同じではないか。クリール委員会は平和主義の国民を、怒り狂ったヒステリーに変えた。彼らに、ベルギーの赤ん坊の腕を引きちぎる残忍非道なドイツ兵から自分たちの身を守るため、ドイツのものは片っ端から破壊してやろうとの意思を固めさせた。テレビの導入や大金の投入によって技術は洗練されたかもしれないが、中身は昔から変わらないのである。

改めて言っておきたいのだが、問題は単に偽情報や湾岸危機にあるのではない。問題はそれよりもずっと奥が深い。私たちは自由な社会に住みたいのだろうか、それとも自ら好んで背負ったも同然の全体主義社会に住みたいのだろうか。

とまどえる群れが社会の動きから取り残され、望まぬ方向に導かれ、恐怖をかきたてられ、愛国的なスローガンを叫び、生命を脅かされ、自分たちを破滅から救ってくれる指導者を畏怖する一方で、知識階級がおとなしく命令にしたがい、求められるままスローガンを繰り返

パナマに侵攻した米軍の士官（左）に話しかける
コーリン・パウエル統合参謀本部議長（現国務長官）

マヌエル・ノリエガ元パナマ国防軍司令官
巻末「人名ノーツ」参照

すだけの、内側から腐っていくような社会に住みたいのだろうか。

そして、他人が支払ってくれる報酬を目当てに、世界を叩きつぶしてまわる傭兵国家になりさがりたいのだろうか。どちらを選ぶかは、私たちしだいだ。この選択に一人一人が向きあわなければならない。答えは、私やあなたのような一般の人びとの手中にあるのだ。

火星から来たジャーナリスト

――「対テロ戦争」はどのように報道されるべきか

このテキストは、二〇〇二年一月二二日、ニューヨーク市のタウンホールで行われたメディア監視団体「報道の公正さおよび正確さ」（Fairness and Accuracy in Reporting 略称ＦＡＩＲ）一五周年記念講演を編集したものである。

対テロ戦争

このような場で話すのにふさわしいテーマは、きわめて明白だと思う。

ここ数ヵ月間の主要記事となったいわゆる「対テロ戦争」、とくにイスラム世界における「対テロ戦争」をメディアがどう扱ってきたかという問題である。

ここにご出席のメディア関係者のみなさんには、この用語をぜひとも理解していただきたい。新聞や雑誌の時事解説、分析、オピニオンを担当する方々だけでなく、知的文化にかかわるすべての人に理解してもらいたいと思う。

これは本当に重要なトピックである。FAIRをはじめ、さまざまな機関が定期的にこの問題を論評してきた。しかし、これはあまり講演にふさわしい話題ではない。これについて話すには、かなり詳細な分析が必要だからだ。

というわけで、ここでは少しちがった視点からこの問題を取り上げてみようと思う。指針として受け入れられる原則、すなわち公正さ、正確さ、妥当性などの原則に照らして、このニュースがどう扱われるべきかを考えてみたい。

そのために、ちょっとした思考実験をしてみよう。

ここに知性をもった火星人がいたとする。一般に火星人は男性と見なされているようなので、ここでは「彼」と呼ぶことにしよう。この火星人が、ハーヴァードやコロンビアのジャーナリズム学科へ行き、高邁《こうまい》なことをいろいろと学び、それらを自らの信念にしたとする。火星人は今回のようなニュースをどう扱うだろうか？

おそらく彼は、事実の記述から始め、それを火星の定期刊行物へ送るだろう。報告される事実の一つは、9月11日に対テロ戦争が宣言されたわけではないということだ。9月11日の宣言は、二〇年前になされた最初の宣言と同じレトリックによる再宣言だったのである。

ご存じのとおり、レーガンは対テロ戦争をアメリカ外交政策の柱にすると公言して政権の座につき、政府は大統領の言う「悪しきテロの災禍」を非難した(1)。とくに攻撃されたのが、国家的な支援を受けた国際テロであり、当時はイスラム世界のほかに中米もこうした非難の対象となっていた。国際テロは、「この現代に野蛮へと逆行する」ことであって「文明そのものを否定する堕落した敵」が撒き散らしている疫病だと表現された(2)。いまの引用は、政府のなかでも穏健派だったジョージ・シュルツ国務長官の言葉である。

私が引用したレーガンの言葉は、中東のテロに関してなされた発言である。一九八五年のことだった。この年、AP通信社によって行われた編集者の投票で、中東の国際テロは年間のトップニュースに選ばれている。したがって、火星人記者はテロが主要なトップ記事となったのは二〇〇一年が二度目であること、以前とまったく同じように対テロ戦争が再度宣言されたことを報告するだろう。

一致するのは、それだけではない。指導的な立場にいる人びとも同じである。

現在、ドナルド・ラムズフェルド[*15]は第二次対テロ戦争の軍事面を指揮しているが、彼はレーガン時代の第一次対テロ戦争のあいだ、絶頂期の一九八五年を含めて、ずっと大統領の中東特使を務めていた。

また、二ヵ月前に国連大使に任命されて対テロ戦争の外交面を受けもつことになったジョン・ネグロポンテ[*16]は、第一次対テロ戦争のあいだ、ホンジュラスでアメリカの作戦を監督していた。このホンジュラスが、アメリカの対テロ戦争のそもそもの主要基地だったのである。

力という要素を行使する

一九八五年には、中東のテロが新聞のトップ記事となっていたが、毎日のニュースの第二位は中米のテロが占めていた。シュルツなどは、これを中米で疫病がはびこっていることを最も警戒しなくてはならない徴候だと言った。

シュルツによれば、最大の問題は「西半球に巣食う癌」(3)であり、私たちはそれを切除しなければならないということだった。この癌はヒトラーの『わが闘争』と同じ目標を公然と掲げており、いまにも世界を征服しようとしている。ゆえに、外科手術はできるだけ早いほうがいい。これは本当に危険である、と。

どれほど危険かといえば、一九八五年の「法の日」に大統領が国家非常事態を宣言して、この癌が「国家の安全と合衆国の外交政策にただならぬ脅威」となっていると説明するほどに深刻だった［法の日は、アメリカ以外の世界では、アメリカ労働者の苦闘を分かちあう記念日とされている。当のアメリカでは、この五月一日は好戦的な愛国精神を称える祝日である」。

この非常事態宣言は、癌がついに切除されるまで毎年発令された。

シュルツ国務長官は、この危険の深刻さには生やさしい方法をとってはいられないと説明した。彼の言葉を借りれば(一九八六年四月一四日)、「交渉の席で力をちらつかせなければ、交渉など降伏を婉曲に言いかえたにすぎない」のだそうだ。

「均衡状態における力の要素を無視して、国連や国際司法裁判所など、外部の調停に解決を求める非現実的な法律尊重主義」を支持する人びとを、シュルツは非難した。

事実、アメリカは力という要素を振りかざした。そのときに使われたのが、ジョン・ネグロポンテの監督下にあったホンジュラスの基地の傭兵部隊であり、それは国際司法裁判所やラテンアメリカ諸国、そして西半球に巣食って世界征服をもくろむ癌そのものが、非現実的な法律尊重主義による方途を模索するのをうまく食い止めていた。

メディアも同じ意見だった。

唯一、疑問が投げられたのは、戦術に関してである。タカ派とハト派の論争がずっとつづいた。タカ派の姿勢は『ニュー・リパブリック』(一九八四年四月四日号)の編集者の意見によく示されている。われわれは「たとえ何人が殺されようと……ラテン型のファシストたちに」軍事援助を送りつづけるべきだ、と彼らは主張した。「エルサルバドル人の人権よりも、アメリカには優先すべき事項がある」からだ。中米のどこについても、同じことが言える。それがタカ派の姿勢だった。

一方、ハト派はそうした手段ではうまくいかないと主張した。むしろ「癌」であるニカラグアを「中米モード」に引き戻し、「地域標準」を課したほうがよいと提案した。いまの引用は『ワシントン・ポスト』(一九八六年三月一四日、一九八六年三月一九日)からである。中米モードと地域標準とは、テロ国家のエルサルバドルとグアテマラの状態を指していた。

当時、この両国では虐殺や拷問をはじめ、私があえて言うまでもないほどに恐ろしいことが進行していたのである。というわけで、われわれはニカラグアも同じように中米モードに引き戻さなければならない。これがハト派の主張だった。

全国紙の寄稿欄と社説欄は、ほぼ五分五分の割合でタカ派とハト派に分かれた。例外もあったが、それは文字どおり統計誤差のレベルだった。これに関する情報を探すのに困ることはなく、記事はいくらでも、いつまでたっても見つかった(4)。

そして同じころ、疫病が猛威を振るっていたもう一つの地域の中東では、画一性がさらに極端になっていたのだった。

同じ戦争、異なる標的

さて、例の聡明な火星人は、この驚くべき連続性をもつ最近の歴史に多大なる関心を払うだろう。火星の新聞の第一面はそれを受け、いわゆる対テロ戦争が同じ人びとにより、似たような標的にたいして再度宣言されたと報じるだろう。ただし、彼は忘れずにある事実を指摘する。標的は似ているが、まったく同じではないのだ、と。

二〇〇一年に現われた「文明そのものを否定する堕落した敵」は、かつて一九八〇年代にCIAとその仲間によって組織され、武器を与えられた自由の戦士たちだったのだ。

現在（二〇〇二年）、アフガニスタンの洞窟で彼らを探している特殊部隊が、当時の彼らを訓練していたのである。彼らは第一次対テロ戦争に参加して、対テロ戦争の他の参加者とまったく同じように活動していた。

彼らはテロリストとしての使命を隠さなかった。テロ計画は早くも一九八一年、エジプトのサダト大統領を暗殺したときから始まっており、いまも進行中である。ロシアでのテロ攻撃もその一環だった。この攻撃の過激さが、やがてパキスタンとの戦争を事実上、誘発した。一九八九年にロシアがアフガニスタンから撤退した時点で攻撃はやんだが、荒廃した国土はアメリカのお気に入りたちの手に渡った。

それと同時に、大量殺人、強姦、テロが続発――一般にアフガニスタンの歴史でも最悪と呼ばれる時期が到来――した。彼らは現在、カブールの外で再び支配権を握っているのだ。今朝の『ウォールストリート・ジャーナル』（二〇〇二年一月二二日）によれば、有力な軍閥のうち二人が作戦に着手しており、ことによると大きな戦いに発展するかもしれないという。そうならないように願うしかない。

これらがみな、火星の新聞のトップ記事になる。もちろん、それと一緒に民間人への影響についても報道されるだろう。いまだに食料や生活必需品の不足をかこっている人びとがたくさんいる。本当のところ食料は送られてきているのだが、状況が状況だけに分配されないままなのだ。そんな状態が四ヵ月もつづいている。

その結果を、私たちは知らない。これからも知ることはないだろう。私たちの知的風土には、敵の犯罪については徹底的に調べあげる一方で、自らおかした犯罪は決して見ようとしない――ここが重要だ――という原則があるからだ。

したがって、ヴェトナムやエルサルバドルなど、さまざまな土地に残してきた死体の数について、まったく不確かな推測しかできないことになる。

道徳的等価という異端

さて、こうしたことが火星でトップ記事になる。優秀な火星人記者は、さらに二つの基本的な概念を明らかにしたいと考えるだろう。

第一に、テロとは厳密に何であるか。そして第二に、それにたいする適切な対応は何であるか。第二の疑問への答えが何であろうと、それへの適切な対応は道徳的な自明の理を満たしていなくてはならない。

自明の理が何であるかを、火星人は簡単に見つけられるだろう。少なくとも、対テロ戦争を自ら宣言した指導者たちがそれをどう理解しているかはわかるはずだ。何しろ、彼らはいつも私たちに言っている。われわれは非常に敬虔なキリスト教徒である、と。

とすれば、彼らは福音書を崇《あが》めているはずだから、「偽善者」の定義も記憶しているにちがいない。福音書には、はっきりと書かれている。偽善者とは、自分に当てはめようとしない基準を他人に押しつける人のことだ、と。

そこで火星人は理解する。つまり、最低限の道徳レベルに達するには、次のことに同意して、そう主張しなければならない。自分にとって正しい行為は他人にとっても正しく、他人の誤った行為は自分がそれをする場合でも誤っている、ということだ。

さて、これが最も基本的かつ道徳的な自明の理だとすれば、火星人はそれを理解したのだから、もう荷物をまとめて火星に帰れる。彼のリサーチの任務は終わったのだ。

だが、彼が対テロ戦争についての膨大な記事や解説のなかから、この最低限の基準に少しでも届こうとしている文章を一つでも見つけられるとはどうも考えにくい。私の言葉を真に受けず、実際に探してみてもらいたい。私は誇張はしたくない。おそらく、どこかで見つかるだろう。片隅でひょっこりと。ただし、それはひどく稀有なことではあるが。

とはいえ、この道徳的な自明の理は、一般に認められている。だが、それはひどく危険な異端の説と解されており、したがってそれに対抗するゆるぎない障壁を築かなければならない。いくら可能性が小さかろうと、誰かがそれを示してからではもう遅い。

実際、誰かが大胆にもこの異端に肩入れし、私たちが尊ぶふりをしている道徳的な自明の理を守るべきであると主張した場合に備え、専門用語まで用意されている。他人に適用している基準を自分にも適用するというのは、いわゆる道徳的相対主義の罪をおかしていることだ。あるいは、道徳的等価の罪と言ってもいいかもしれない。これはレーガン政権の国連大使ジーン・カークパトリック[*17]が発明した言葉だったと思うが、その目的は、誰かが私たち自身の罪にあえて目を向けるという危険を避けることだった。

あるいは、彼らはアメリカ・バッシングという罪をおかしているのかもしれない。彼らはアンチ・アメリカなのかもしれない。これは興味深い考え方だ。

この用語は、アメリカ以外では全体主義国家のなかでしか使われない。たとえば、かつてのロシアではアンチ・ソヴィエトが最も重い罪だった。

誰かがイタリアで、たとえば『アンチ・イタリア』といったタイトルの本を出版したとして、ミラノやローマの街頭でどんな反応にぶつかるかは想像がつくだろう。自由と民主主義を真剣にとらえている国なら、どこでも同じだ。

使えない定義

だが、避けられない非難とやむことのない中傷にも屈せずに、火星人が最も基本的かつ道徳的な自明の理を守りつづけたとしよう。もちろん、彼はその気になれば故郷に帰れる。しかし、好奇心から、彼は地球にとどまって、もう少し探ってみることにしたとする。さて、何が起こるだろうか？　ここで最初の問いに戻ろう。テロとは何であるか。これは重要な問いだ。

真面目な火星人記者が答えを見つけるのにふさわしい方法がある。対テロ戦争を宣言した人びとに目を向けて、彼らがテロをどう定義しているかを検討してみるのだ。妥当なやり方ではないか？　実際、合衆国の法規や陸軍教範などに公式の定義が示されてもいる。その短い定義を引用しよう。

テロとは、「威嚇、強要、恐怖の浸透を通じて……政治的、宗教的、思想的な目的を達するために暴力や暴力の威嚇を計算ずくで用いること」。

なるほど、これは簡潔だ。たしかにそうだろう、と私も思う。だが、私たちは日ごろから、テロの定義が非常に厄介で複雑な問題だとも聞いている。おそらく火星人も、これが本当なのかどうか迷うところだろう。そして、答えはちゃんと用意されている。

だが、この公式の定義は使いものにならない。それには二つの理由がある。

第一に、これは政府の公式の方針と非常によく似た、ほとんど同じとも思える、言葉の言い換えでしかない。ただし政府の方針では、テロのかわりに低強度紛争、または報復テロという言葉が使われている。

ちなみに、それはアメリカだけのことではない。私の知るかぎり、この慣習は普遍的なものだ。一例をあげよう。

一九六〇年代の半ば、ペンタゴンを上顧客《とくい》とする調査機関のランド研究所は、日本が一九三〇年代に満州と中国北部を攻撃したときに使ったと見られる興味深い対ゲリラ計画マニュアル集を出版した。私は興味をそそられ、これに関する小論も書いた。日本の対ゲリラ計画マニュアルを、アメリカが南ヴェトナムで用いた対ゲリラ計画と比較したのだが、二つは実質的にほとんど同じだった(5)。残念ながら、私の書いた小論はさして話題にならなかった。

いずれにせよ、これは事実であり、私の知るかぎりにおいては普遍的な事実である。したがって、これは公式の定義が使えない理由の一つとなる。

もう一つの理由は、さらに単純だ。テロリストが誰なのかについて、ここで与えられている答えはすべてはなはだしく間違っているというのだ。したがって、この公式の定義を採用するわけにいかない。もっと適切な、正しい答えを与えてくれる何らかの定義を探さなければならないのだが、それが難しい。だから、これは厄介なテーマであり、著名な知識人が血眼になってこの問題と取り組んでいると言われるのだ。

幸い、解決方法はある。テロを「他人が私たちにたいして行うテロ」と定義すればよいのだ。この「私たち」は誰でもよい。私の知るかぎり、これは報道の世界でも学問の世界でも通用している普遍的な定義である。そして、歴史的にも普遍的だと思う。少なくとも、私はこの慣習にしたがっていない国を一つも知らない。

というわけで、幸いにも解決方法はあった。この便利なテロの説明を用いれば、みなさんがいつも読んでいる標準的な結論が導きだせる。すなわち、私たちと私たちの盟友はテロの最たる犠牲者であり、テロは弱者の武器だ、という結論である。

もちろん、公式の意味でのテロは強者の武器である。大半の武器と同様だ。しかし、定義にしたがえば、テロは弱者の武器なのである。「テロ」とは、他人が私たちにたいして行うテロのことだから、当然、弱者の武器というのが正しいわけだ。新聞や雑誌でもつねにそう書かれており、書いた人はそれで正しいと思っている。例によって類義語のくり返しなのである。

模範的テロ

さて、常識とされている考えに火星人が逆らって、新たに説かれている道徳的な自明の理を受け入れ、さらに合衆国の公式のテロ定義まで受け入れてしまったとしよう。

さすがに彼もそのころには地球を去っているだろうが、とりあえず話をつづけよう。そこまでいけば、彼にはテロの明らかな例証が間違いなく見つかっているだろう。たとえば、9・11はここまで残酷なテロがあるかという衝撃的な一例だ。同じくらい明らかなもう一つの例は、アメリカとイギリスの公式の反応である。

これはイギリスの国防参謀総長、マイケル・ボイス海軍大将によって宣言され、一〇月末の『ニューヨーク・タイムズ』(二〇〇一年一〇月二八日)の第一面で報じられた。ボイスはアフガニスタンの人びとに、「彼らが指導者を交代させるまで」、アメリカとイギリスは攻撃を継続するつもりだと知らせた。

公式の定義にしたがえば、これは国際テロの模範的な例証である。ここでまた読み上げるつもりはないけれども、公式の定義を考えてみれば、これが完璧な例証だとわかるだろう。その二週間前、ジョージ・ブッシュはアフガニスタンの人びとに、彼らが指名手配容疑者を引き渡すまで攻撃をつづけると通告していた。タリバン政権の転覆は、爆撃後の二週間のあいだになされた一種の後知恵であり、基本的に知識人のためのものだった。それによって、彼らは戦争の公正さを書き綴れたからだ。

もちろん、これも模範的なテロだった。私たちは、私たちが引き渡しを求めている人間が引き渡されるまで爆撃をつづけるつもりだというのだ。タリバン政権は証拠を要求したが、アメリカは傲慢にもその要求をはねつけた。

しかもアメリカは、タリバンの要求を検討することさえ頭から拒否した。それは真剣な申し入れだったかもしれないし、そうでなかったかもしれない。答えを知ろうにも、拒否されたのだから知りようがない。

火星人はこれらをすべて記録するはずだ。

そして、ちょっと下調べをしたならば、他の例をたくさん追加するうちに、拒否した理由を見つけただろう。理由はとても単純だ。世界の支配者は、自分がどんな権威にもしたがわないことを明確にしなければならないのである。

したがって、彼らは自分たちが証拠を提出すべきだという考えを受け入れない。引き渡しを要求すべきだということにも同意しない。実際、彼らは国連安保理の承認をきっぱりと拒絶している。アメリカなら、文句のつけようのない明確な承認をたやすく得られていただろう。とくに理由がなくても、アメリカならば得られるのだ。しかし、アメリカはその選択肢を排除した。

もっともなことではある。国際問題と外交に関する文献を見れば、アメリカのこうした姿勢を示す用語まででている。「威信の確立」というのがそれだ。

われわれはテロ国家であり、われわれの邪魔をする気なら結果を覚悟しておいたほうがいい、と宣言していることからもわかる。

もちろん、これは「テロ」という言葉を公式の意味で、つまり合衆国政府の法規などに見られる定義どおりに用いた場合の話だ。そして、前述したような理由から、この公式の定義は受け入れられないのである。

議論にならない事例

ここで再度、道徳的な自明の理に話を戻そう。

ほぼ普遍的に受け入れられていて、明らかに正当かつ称賛すべきものとされている公式の原則によれば、アメリカはアフガニスタンが容疑者を引き渡すまで、あるいはボイスがのちに言ったように、アフガニスタンが指導者を代えるまで、アフガニスタンへの対テロ戦争を実行する資格がある。証拠の提供も引き渡しの要求も拒否しているアメリカに、その資格があるというのだ。福音書に書かれている意味での偽善者でない人なら、これを受けて当然、次のような結論に達するだろう。ハイチはアメリカが殺人者のエマヌエル・コンスタン[*18]を引き渡すまで、アメリカにたいする大規模なテロを実行する資格がある、と。

エマヌエル・コンスタンは、四〇〇〇人から五〇〇〇人の殺害に主たる責任を負うテロリスト軍団を指揮したかどで、すでに有罪宣告を受けている人物である。

このケースには疑問の余地のない証拠があった。

ハイチは繰り返し引き渡しを要求し、最も新しいところでは、二〇〇一年九月三〇日にも要求している。アフガニスタンがテロの容疑者を引き渡さなければ、彼ら自身がテロの対象になると盛んに言われていたころのことだ。もちろん、ハイチで殺されたのは、たかが四〇〇〇人か五〇〇〇人の黒人である。それは、きっと大した数ではないのだろう。

それとも、ハイチはアメリカで大規模なテロを実行するべきだったのだろうか。彼らには爆撃ができないから生物テロか何かを、アメリカが指導者を代えるまでつづけるべきだったのかもしれない。何しろ、アメリカは二〇世紀を通じて、ハイチの人びとにたいしてひどい罪をおかしてきたのである。

また、道徳的な自明の理を守るなら、間違いなくニカラグアも同じことをする資格がある。ちなみに、その標的は再度宣言された対テロ戦争の指導者たちだ。関与しているのはたいてい同じ人びとなのである。ニカラグアにたいするテロ攻撃は、9・11よりもずっと悲惨なものだったことを思い出してもらいたい。数万人が殺されて、国土は破壊され、二度と復興できないかもしれないのである。

これはたまたま議論の余地のない例なので、あえて論じるまでもない。というのも、国際司法裁判所がアメリカの行為を国際テロとして糾弾したからだ。国連の安全保障理事会もこの判断を支持し、国際法規を遵守するよう全国家に求める安保理決議——どこかを名指ししてはいなかったが、どこを想定しているかは周知の事実だった——を提出した。

しかし、この決議にアメリカは拒否権を行使し、イギリスは棄権した。いくつかの国連総会決議でもひきつづき同じことが確認されたが、やはりアメリカと一つか二つの顧客国《カスタマー》の反対にあった。

国際司法裁判所はアメリカに、国際テロ犯罪をやめて多額の賠償金を支払うよう命じた。それにたいして、アメリカはただちに攻撃をエスカレートさせる超党派の決断をした。このときのメディアの反応については、すでに言ったとおりだ。癌が破壊されるまで、こうしたことがずっとつづけられたのであり、いまもなおつづけられている。

対テロ戦争のさなかの二〇〇一年一一月、ニカラグアで選挙が行われたが、アメリカはそこにとことんまで介入した。

そしてニカラグアに、アメリカは誤った結果を受け入れるつもりはないと警告し、その理

ニカラグアの選挙で投票を見守るカーター元米大統領（2001年11月）

オランダのハーグにおける国際司法裁判所の開廷シーン（1999年）

由まで示してみせた。ニカラグアが一九八〇年代に国際テロではたした役割をわれわれは見過ごせない、と国務省は説明した。だがそのころ、ニカラグアは国際的なテロ攻撃に抵抗していたのだ。その国際テロにより、アメリカは国際的な権威をもつ最高の機関から糾弾されていたのである。

テロと偽善をひたすら信奉する知的風土のなかでは、こうしたことが何の異論もなしに見過ごされていく。しかし、火星の新聞なら多少とも大きい見出しを掲げるのではないだろうか。それを見て、こうした問題がどう扱われているかを知るといいだろう。

ついでに「正義の戦争」についての自分の好きな説明を、議論にならなかった事例によって検証してみてはどうだろうか。

多数を手なずける

もちろん、ニカラグアには対テロ戦争の名目で行われていたアメリカの国際テロにたいして、多少の防衛手段があった。つまり、ニカラグアには軍隊があったのだ。他の中米諸国では、アメリカとその顧客国から武器と訓練を提供されたテロリスト部隊が軍隊の役目をはたした。したがって、当然ながら、そのテロ行為ははるかに残虐をきわめた。これがハト派の言う「中米モード」であり、癌はその状態に引き戻されなければならなかった。

しかし、この場合の犠牲者は国家ではなかった。したがって、国際司法裁判所や安全保障理事会に訴えることもできなかった。とはいえ、訴えたとしても国際機関の裁定は拒絶され、歴史のゴミ箱に投げ捨てられるだけだったろう。それをひろってくれるのは、火星人くらいのものである。

こうしたテロの影響はいつまでも残った。いまアメリカでは、9月11日の残虐なテロのきわめて幅広い影響について——まさに当然のことながら——大きな危惧の念が広がっている。たとえば『ニューヨーク・タイムズ』(二〇〇二年一月二二日)の第一面の記事では、見舞金などまるで慰めにならない悲劇に見舞われた人びとのことが書かれていた。もちろん、これよりはるかにひどいテロ犯罪の犠牲者についても同じことが言えるのだが、それは火星でしか報道されない。

一例をあげれば、数年前にエルサルバドルのイエズス会士が開いた会議についての報道があるかどうか探してみるといい。アメリカの国際テロのもとで、イエズス会士たちは本当にむごい目にあった。会議の報告(6)は、いまだに残る「テロ文化」の影響を強調している。その当時、国民の大多数が手なずけられて、強大な力をもつテロ国家と現地の手先の命令に服従しなければならないと思わされたのである。さもないと、再び中米モードに引き戻されてしまうからだ。

国家の支援を受けた八〇年代の国際テロのさなかに、ハト派が提唱していたとおりの筋書きである。もちろん、アメリカではこんなことは報道されはしない。火星でならトップニュースになっていたかもしれないのだが。

熱心な協力者たち

火星人なら、ほかにも第一次対テロ戦争と第二次対テロ戦争のあいだに、興味深い類似点があることに気づいたかもしれない。二〇〇一年には、思いつくかぎりのテロ国家が積極的に対テロ連合に参加した。その理由は明白だ。

ロシアがなぜこれほど熱心なのかは、誰でも知っている。自分たちがチェチェンなどで実行している恐ろしいテロ行為に関して、アメリカの承認というお墨付きがほしいからだ。

トルコはとりわけ熱心だった。自国の軍隊の出動を最初に申し出たのはトルコであり、その理由を首相が説明している。これは、トルコが九〇年代における最悪のテロ行為と民族浄化を促進できるように、アメリカだけが喜んで兵力を投入してくれた――クリントン時代に兵力の八〇パーセントを提供した――ことにたいする感謝の意思表示だった。

トルコは感謝するあまり、新たな対テロ戦争にさいして自国の軍隊を投入すると申し出たのだ。ちなみに、これは少しもテロとは見なされない。なぜならば、慣例によって「私たち」がやるのであれば、それはテロではないからである。他の国々についても同様だ。それを数え上げるのはやめておこう。

第一次対テロ戦争のときも同じだった。

したがって、前に引用したボイス海軍大将の宣言は、イスラエルの政治家アッバ・エバン[*19]が一九八一年に発した有名な言葉の言い換えだったことになる。

それは第一次対テロ戦争が宣言された直後のことだった。エバンはレバノンにおけるイスラエルの残虐行為を正当化した。本当にひどい行為であるのを知りながら、それでも正当化して、エバンはこう言ったのだ。「損害をこうむった国民が、休戦に向けて圧力をかけるという合理的な期待がある」(7)からだ、と。これもまた、公式の意味での国際テロの模範的な例証ではないか。

エバンが言及していた戦争は、イスラエルとレバノンとの国境紛争である。その原因は圧倒的にイスラエルの側にあり、名目さえなしに行われることもしばしばだったが、アメリカが支援していたため、慣例によりテロとは見なされず、テロの歴史には含まれていない。

当時、アメリカの決定的な支援を受けて、イスラエルはレバノンを攻撃していた。爆撃や残虐行為を繰り返しながら、計画していた侵略の口実をなんとか見つけようとしていた。結局、口実は見つからなかったが、それでもイスラエルは侵攻し、一万八〇〇〇人を殺害して、多くの残虐行為をほしいままにしながら、レバノン南部をおよそ二〇年にわたって占領しつづけた。しかし、それらはいずれも記録にはとどめられていない。アメリカの決定的な支援があったからだ。

残虐大賞

一九八二年の攻撃以降、そうした行為が最高潮に達したのは一九八五年だった。

それはアメリカとイスラエルの南レバノンでの残虐行為、いわゆる鉄拳作戦が最高潮に達した年でもある。その内容は大がかりな虐殺と、最高司令部の言う「テロリスト村の住人」の国外追放だった。

シモン・ペレス首相の指揮下で遂行されたこの作戦は、一九八五年の最もひどい国際テロ大賞の有力候補にあげられる。繰り返すが、この年のテロは、一年を通じて第一位のトップニュースだったのである。

対抗馬はほかにもある。その一つは、同じく一九八五年の初めに行われた、ベイルートでの自動車爆弾による攻撃である。モスクのすぐ外に配置された自動車爆弾は、犠牲者の数を最大にするべく、ちょうど全礼拝者がでてくる時間に爆発するようにセットされていたのだ。

この爆発で八〇人が死亡し、二五〇人以上が負傷したと『ワシントン・ポスト』は伝えている(8)。

記事の内容は陰惨そのものだった。犠牲者の大半は女性と子供で、強力な爆弾はベッドにいる赤ん坊まで殺し、そのほかにも多くの被害をおよぼした。だが、これは数に入らない。CIAとイギリス情報部がこの作戦を組織していたからで、つまるところはテロにならないのである。大賞の候補からも外さなくてはなるまい。

そうなると、一九八五年の大賞を争う相手はあと一つしかない。七五人を殺害したイスラエルによるチュニス爆撃だ。これについては、イスラエルの新聞に敏腕記者による惨禍の報告がいくつか載せられている。アメリカは暗にこの残虐行為に加担していた。同盟国のチュニジアにたいし、爆撃機が攻撃に向かっていることを知らせなかったのだ。

国務長官ジョージ・シュルツは、ただちにイスラエル外相イツハク・シャミールに電話をかけて、アメリカがこの行為に多大なる共感を寄せている旨を知らせた。だが、のちにシュルツはこの国際テロへの公の支援を取り下げる。棄権したアメリカを除いて、安全保障理事会が満場一致でこれを武力による侵略行為として糾弾したからだ。

さて、ニカラグアのときと同様、ワシントンとその顧客国に有利な解釈をしてみよう。この犯罪はただの国際テロであり、それよりもずっと重い罪、すなわち安全保障理事会が判定したような侵略ではないと考えればいい。本当に侵略だったなら、道徳的な自明の理に準じて、私たちはニュルンベルク裁判の被告席につかされることになる。

これらはテロがピークだった一九八五年の突出した三つの事例にすぎない。チュニス爆撃の数週間後、イスラエルのペレス首相はワシントンを訪れ、ロナルド・レーガンとともに中東の「悪しきテロの災禍」を糾弾した。メディアは何も言わなかった。それも当然だろう。慣例により、これらはいずれもテロではないからだ。テロというのは、他国が私たちにたいして行った場合だけで、それが慣例なのだ。

私たちが他人にもっとひどいことをしても、それはテロではない。これは普遍的な原則である。ただし、たとえ地球で問題になることはありえなくても、火星人ならそれに気づいているかもしれない。

数年前、私がこの問題について書いたところ、これまでで最も傑作と言える批評をもらった。それは『ワシントン・ポスト』（一九八八年九月一八日）に掲載された同紙の中東特派員による批評で、彼は私の小論を「狂ったように興奮している」とまとめた。私はこの批評がけっこう気に入っている。

だが、興奮しているという部分は間違っていると思う――実物を読めば、むしろ穏やかだと思うだろう――が、狂ったように、というのは正しい。

狂ってでもいなければ、ごく基本的な道徳上の自明の理を受け入れて、書いてはならない事実を書くなんてことは考えられないのだろう。それはおそらく真実だと思う。

下劣な言い訳

さて、火星人に話を戻そう。

彼は、文明そのものを否定する堕落した敵による野蛮への逆行、すなわち中東における国際テロが、なぜ一九八五年という年に突出して増えたのか、その理由を考えて困惑するかもしれない。

彼が悩むのはよくわかる。というのも、過去に中東で起こった最悪の国際テロの事例は、中米の国際テロと同じく、記録を抹殺されているからだ。他の多くも同じだ。そして、現在の事例もそうなるだろう。

しかし、一九八五年のいくつかの事例が忘れ去られることはない。むしろ、しばしば思い出される。当然だろう。それらは掛け値なしのテロなのだから。

一九八五年の公式のテロ大賞は、身体の不自由なアメリカ人、レオン・クリングホッファーが殺害されたアキレ・ラウロ号のシージャック事件が受賞することになるだろう。この事件については、誰でも知っている。たしかに、あれはひどい事件だった。

もちろん、犯人はこの残虐行為を正当化して、一週間前のはるかにひどい国際テロ、チュニス爆撃の報復だと主張したが、私たちはまったく当然ながら、それを軽蔑に値する下劣な言い訳として却下した。

自分のことを臆病でも偽善者でもないと思っている人なら、どれほど暴力的な報復行為についても、原則にもとづいて同じ見方をするだろう。アフガニスタンでの戦争についても同じはずだ。この戦争は明らかに、疑いもなしに、数百万人を飢餓に追いこむと予想されたのである。しかし、前にも言ったように、私たちがその結果を知ることはない。原則にもとづいた理由があるからだ。

もっと軽い残虐行為、たとえば現在、イスラエルの占領地域で起こっているような報復行為にしても同じだが、これは例によってアメリカの全面的な支援を受けているため、テロではない。しかし火星の新聞は、現在アメリカが再び対テロ戦争という口実をもうけて主要な顧客国によるテロをかばい、さらに激化させると見られることを、間違いなく第一面で報道するだろう。

その最新段階は、二〇〇〇年一〇月一日に始まった。

現在のインティファーダ（占領下のパレスチナ人の一斉蜂起）が始まった直後の一〇月一日から、イスラエルのヘリコプターが非武装パレスチナ人をミサイルで攻撃しはじめた。数十人の死傷者がでた。自己防衛という口実が使える余地はまったくなかった。

［傍注：「イスラエルのヘリコプター」という言葉を見たら、それはイスラエル人の操縦士が乗ったアメリカのヘリコプターだと理解すべきである。それがどのように使われるかを多少なりとも知っていれば、そうとしか理解できない。］

この残虐行為に、クリントンはすぐさま対応した。

二日後の二〇〇〇年一〇月三日、クリントンはイスラエルに過去一〇年で最大規模の軍用ヘリコプターの供与を行った。九月半ばに送られていた攻撃ヘリコプター「アパッチ」のスペア部品も一緒に輸送した。それをまったく報道しないことによって、メディアも協力した。報道できなかったのではない。報道するのを拒んだのだ。メディアは完全に事情を知っていたのである。

先月、火星では、イスラエルによるテロの頻度をもっと多くするためのワシントンの介入がトップニュースになったことだろう。

一二月一四日、アメリカは国際調査委員会によるミッチェル案の実施と暴力削減をチェックする国際監視団の派遣を求める安保理決議に拒否権を行使した。決議案はただちに国連総会にもちこまれたが、そこでもアメリカとイスラエルの反対にあい、結局は消滅した。その報道があったかどうか、確認してもらいたい。

その一週間前、ジュネーヴ第四条約の主要締約国による会議がジュネーヴで開かれた。締約国は正式の議定書によって条約の実施を義務づけられている。ご存じのとおり、この条約は第二次世界大戦後、ナチスの残虐行為を犯罪とする合意をとりつけるために締結されたものだ。ジュネーヴ第四条約にしたがえば、アメリカとイスラエルが占領地域で行っていることとは、ほぼすべて完全に禁止されている行為である。占領地への入植もそうだ。入植はアメリカの資金提供と全面的な支援によって進められており、クリントン米大統領とバラク・イスラエル首相（当時）のキャンプ・デーヴィッド会談では、支援のさらなる増強が取り決められた。この解釈を認めようとしないのは、イスラエルただ一国である。

ジュネーヴ条約違反の問題が二〇〇〇年一〇月に安全保障理事会で取り上げられたとき、アメリカは棄権した。国際法の基本的な原則に露骨に逆らうような真似はしたくなかったのだろう。その原則が成立した背景を考えれば、なおさらだ。したがって、安全保障理事会は一四対〇で決議を採択し、イスラエルにたいし、彼らがまたしても明らかに侵害していたジュネーヴ条約を遵守するよう求めた。

クリントン以前、アメリカは他の加盟国とともに、イスラエルがジュネーヴ条約を「まぎれもなく侵害」しているとの非難に賛成票を投じていた。クリントンのやり方はこれと矛盾していないけれども、実質的には国際法や、先のイスラエル・パレスチナ問題に関する国連決議を無効にしているのである。

アラブ人はジュネーヴ条約が占領地域に適用されると信じている、とメディアは伝えた。それは誤りではない。ただし、手落ちがある。アラブ人だけではなく、他の誰もがそう信じているのだ。

二〇〇一年一二月五日、欧州連合の全加盟国を含む会議で、占領地域へのジュネーヴ条約

トルコ国会の選挙運動中にVサインを掲げるクルド人の若者（1995年）

クリントン米大統領（中央）とバラク・イスラエル首相（左）およびアラファト・パレスチナ自治政府議長によるキャンプ・デーヴィッド会談（2000年）

の適用と、入植の違法性が再確認された。決議はイスラエルに――つまりはアメリカとイスラエルにということだが――国際法を守るよう要求した。アメリカはこの会議をボイコットして、実質的に会議を無効にした。これについてもそういう報道があったかどうかを確認してもらいたい。

これらの動きは、またしてもイスラエルのテロをさらにあおる役目をはたした。テロは激化していった。そしてメディアは、いつもどおりのやり方でそれに加担した。

テロへの対応

かりに、私たちが慣習ときっぱり縁を切って、火星人と同じものの見方をするようになったとしよう。道徳的な自明の理を受け入れている私たちがそのレベルに到達できたとき、初めて誠実に問いかけることができる。テロ犯罪にどう対応したらよいのか、と。

一つの答えは、法治国家の前例にしたがうことだ。ニカラグアの前例でもいい。もちろん、ニカラグアによる試みは失敗した。世界が法ではなく武力に支配されているという事実にぶつかってしまったからだが、アメリカがそれで失敗することはない。

とはいえ、明らかにこの選択肢はありえない。ここ数ヵ月の膨大な記事のなかで、そうした前例に言及しているものを私は見たことがない。

もう一つの答えは、ブッシュとボイスが示唆したものだが、それは即座に拒絶される。ハイチやニカラグアやキューバをはじめとする多くの同じような国々が、アメリカとその顧国にたいして、あるいは他の裕福で強力な大国にたいして大規模なテロ攻撃を敢行する権利があるとは誰も思わないからだ。

それよりも納得のいく答えは、たとえばバチカンなど、さまざまなところからだされてきた。イギリス系アメリカ人の著名な軍事史家マイケル・ハワードも、二〇〇一年の一〇月にもっともな意見を表明した。

彼の意見は『フォーリン・アフェアーズ』の最新号（二〇〇二年一・二月）に掲載されている。これは権威ある高級な定期刊行物だ。ハワード自身もみごとな実績をもち、多大な信望を得ている。彼は大英帝国の熱烈な賛美者であり、その世界支配の継承者にも、さらに惜しみない賛辞を送っている。したがって、彼を道徳的相対主義などの罪で非難するわけにはいかない。

ハワードは9・11を犯罪者の陰謀と見なし、警察力によって対処するよう提案した。犯人を突きとめて国際法廷に引きだし、そこで公正な裁判を受けさせて、有罪だとわかれば適切な判決を言い渡すべきだ、と。もちろん、彼の主張はまったく取り上げられなかったが、私にはかなり理にかなった意見だと、思える。理にかなっているとすれば、もっとひどいテロ犯罪にも適用できるはずだ。

たとえば、アメリカのニカラグアにたいする国際テロ攻撃もそうだし、その周辺とそれ以外の場所で今日までつづいている、もっとひどい行為についても同じだ。もちろん、そうしたことは一度も検討されていないが、こちらは逆の理由からである。

つまり、私たちは正直になればなるほどジレンマにおちいってしまうのだ。

手っ取り早い答えは、慣例にしたがって偽善を貫徹することなのだが、別の選択肢としては、火星のわれらが友人が採用しているものがある。私たちが独りよがりで公言している原則を、彼は本気で守っているのだ。

この選択肢をどう考えたらいいかは難しい問題ではある。しかし、世界がさらに深刻な災厄にあうのを防ぐには、それを考えることが絶対に必要なのである。

注記

（1）『ニューヨーク・タイムズ』一九八五年一〇月一八日

（2）『ワシントン・ポスト』一九八四年一〇月二六日

（3）次のジャック・スペンス（Jack Spence）とエルドン・ケンウォージー（Eldon Kenworthy）の評論を参照。Thomas Walker, ed., *Reagan vs. the Sandinistas* (Boulder: Westview, 1987).

（4）いくつかのコメントと情報源については次を参照。Noam Chomsky, *Necessary Illusions* (Boston: South End, 1989).

（5）『リベラシオン』一九六七年九・一〇月。次に転載あり。Noam Chomsky, American Power and the New Mandarins (New York: Pantheon, 1969).

（邦訳／ノーム・チョムスキー『アメリカン・パワーと新官僚』太陽社、一九七〇年）

（6）*Envio* 一九九四年三月

（7）『エルサレム・ポスト』一九八一年八月一六日

（8）『ワシントン・ポスト・ウィークリー』一九八八年三月一四日

インタビュー

根源的な反戦・平和を語る

ノーム・チョムスキー

聞き手／辺見庸

© Philip Jones Griffiths / Magnum Photos Tokyo

訳――屋代通子　構成――辺見庸

（初出／「ＰＬＡＹＢＯＹ日本版」二〇〇二年六月号）

米国現代史への幻想を破る
知識人、マスコミに仮借ない批判

辺見 庸

正直、私は当惑しどおしだった。これまで数え切れないほどの人間たちにインタビューし対談もしてきたが、それらの経験則をもってしては、眼前の人物の胸底の深さを測ることなど到底できはしないと気づいたとき、私の狼狽ははじまり、じつのところ、握手して辞去し、帰国してからしばらくたついまもなお、当惑はつづいている。断っておくが、ノーム・チョムスキーが言語学の世界的泰斗《たいと》であるがゆえに気圧《けお》されたわけではない。あまりにも著名な反戦理論家に会えた喜びが高じての動揺でもないのだ。それほど私は純情でも潔癖でもない。

率直に、こんな男、見たことがないと思ったのである。つまり、人間への私の意地の悪い見積もりが崩れた。それが当惑のわけである。第一に、ジャーナリスティクなものいいをこれほどまでに嫌う人物を私は知らない。どのような硬骨の革命家だろうが、ひねくれた芸術家だろうが、メディアを前にしては、愛想にすぎないものであれ、結局のところ、多少の迎合をしてみせ、笑みの一つや二つふりまくものである。だが、チョムスキーは違った。〝孤高の反体制派知識人〟といった記事をねらった、自身をめぐるジャーナリスティクな作意に彼はじつに敏感であり、そのような紋切り型のロマンづくりへの同調をあくまでも拒否するのだった。

権力への自己防衛策としてそうしたのではない。米国における言論弾圧など、他の独裁国家や軍事政権下の社会に比べれば、どうということはない。知識人は泣き言をいわずにしっかりと闘うべきだ。インタビューで彼はしばしばそうした口吻《こうふん》を洩らし、チョムスキーを同時代のヒーローに仕立て上げようとする当方の試みを、憮然としてはねつけたのである。インタビュー冒頭の、米国では言論統制はないという意外な発言は、したがって、そうした文脈から解釈されるべきであろう。つまり、言論弾圧などあってはならないのだ、というチョムスキーの意地とアイロニーを酌《く》むべきである。

それかあらぬか、私が作家スーザン・ソンタグ[*20]について問うたときのチョムスキーの表情ときたら、まさに苦虫をかみつぶしたようなそれになった。彼女への脅しだって？　そんなもの論ずるにも値しないよ、といった面持ちだったのである。背景には、最近になって米国の反テロ作戦をついに肯定するにいたったソンタグの姿勢への深い失望もあったであろう。にしても、知識人とマスメディアに対しこれほど仮借ない態度をとる人物を私はこれまでに見たことがない。9・11テロ以降の米メディアの異様な愛国報道や米国内外の思想家や哲学者らの怯懦《きょうだ》や惰弱《だじゃく》ぶりからしても、チョムスキーの言説の多くはいまや危険なまでに正鵠をえていると私は思う。

ヴェトナム戦争期の反戦運動へのノスタルジー。チョムスキーはこれをも一蹴した。私が当惑したもう一つの理由である。彼は一九六〇年代にヴェトナム戦争反対デモで、作家ノーマン・メイラーらとともに逮捕されており、当時の状況を内側から語る資格のある人物の一人である。そのチョムスキーがJ・F・ケネディ＝善玉幻想を嗤《わら》い、ヴェトナム戦争に本質的には反対しなかった米国の知識人の欺瞞を口をきわめて非難した。かならずしも予想しなかったなりゆきでもなかったのだが、実際に激しい言葉を浴びたら、なんだか虚を衝かれた思いがして、私は少しうろたえた。いまよりヴェトナム反戦期がよかっただなんて、日本人のとんでもない錯覚だ。チョムスキーは言外にそう語っていたし、十二分にそのことを証明しもした。

で、チョムスキーが好きになったかと問われたら、率直にいって、私には即答できない。安易な内面の吐露や文芸的ないしジャーナリスティクな文言《もんごん》を徹して避ける彼のやや乾いた表現方法は、だからこそ信頼できたし、だからこそ取りつく島もなかったともいえるからである。ただ、七〇歳をとうにすぎたこの痩身の碩学《せきがく》の、まったく衰えるということのない舌鋒と、事実の厳正をどこまでも求めてやまない勇気と情熱には、畏怖の念すら覚えた。チョムスキーは、だらしのない、そして甘ったれた、ろくに闘いもしない日本の言説というより舞文曲筆《ぶぶんきょくひつ》を、ボストンくんだりまでやってきた私に代表させていたかもしれない。そう感じないでもなかったが、でも、私はあえて反論しなかった。ブッシュ政権の戦争政策に抵抗する手前で、日本の言論は自国の反動化と本気で闘わずしていまや安楽死しつつあるのだから。

私が訪ねたマサチューセッツ工科大学（MIT）の彼の研究室には、バートランド・ラッセル[*21]の大きな肖像写真が貼ってあり、そこに記されたラッセルの言葉も見てとれた。

「愛への渇望、知識の探究、人類の苦悩への無限の同情……」

ラッセルが人生の指針とした言葉である。まったき理念であるがゆえに、弱々しくもあるそれらの文言が、チョムスキーの部屋では筋金入りの信条にさえ思えたことである。

知識人とマスメディアに疑いの目を

闘争なくして言論の自由はない

辺見 私、昨日、ジョン・F・ケネディ空港に着きましたが、セキュリティチェックの厳しいのに驚きました。そこで、この国では、9・11以来、言論の統制もひどいことになっているのではないかと想像しました。あなたにもさまざまな圧力がかけられているのではないでしょうか。

チョムスキー いいえ、ちょうどその反対なのです。この国はおそらく、世界一自由な国です。言論への抑圧などいかなる意味でもない。政府はできるものなら言論を統制したいと願っているけれども、その力はありません。異議申し立ても反対運動もこれまでのどんな時代よりもずっと盛んに行われています。ケネディ空港の話が出ましたが、今月はどういう月でしょうか。じつは、ケネディが南ヴェトナムへの軍事介入のため、アメリカ空軍を派遣すると発表したのがちょうど四〇年前の今月なのです。ナパーム弾による爆撃を容認し、化学戦の端緒を開き、南ヴェトナムの農村を破壊して最終的には何十万という人々を強制収容所や都市のスラムに追いやることになった。それがいまから四〇年前のことでした。

辺見　ああ、そうでしたか。一九六二年といえば、ケネディがダラスで凶弾に倒れる前年ですね。キューバ危機も六二年でしたが……。

チョムスキー　ケネディ空港に「今月はケネディ大統領の重大犯罪四〇周年記念です」という看板か何か出ているでしょうか？　アメリカ国民で今月が四〇周年だということを知っている者がいるでしょうか？　あるいはアメリカ以外の国の誰かが？　答えはノーです。

なぜならば当時は、それへの抗議というものがまったくなかったからです。アメリカ大統領が空軍を派遣して空爆を行い、一般市民を殺戮したいと考えようが、食糧生産を断つために化学兵器を使用したいと思おうが、あるいはナパーム弾を降らせたいと望もうが、それについて異を唱える者はなかったのです。したがって、人々はそれらの事実が実際に起きていることすら知らなかったのです。知識人が理解しているのは、アメリカ国家は南ヴェトナム人民を共産主義やどこからか侵入してくる侵略者の手から守ろうとしていたのだ、ということだけでした。ただ、どこかで間違ってしまい、ひどく犠牲の多い戦争を強いられる結果になってしまったのだと。人々はそのように理解しています。それは、政府が統制しなかったのに、反対運動がまったくなかったためなのです。当時に比べれば、この国は随分よくなりましたよ。いまやアメリカのどの大統領も、ジョン・F・ケネディがヴェトナムだけでなくその他の場所でも犯したような過ちを犯したいなどと夢見ることさえできません。公民権運動、反戦運動、フェミニスト運動、労働運動などなどがこの国の様相を変えたのです。いまこの国は、四〇年前のこの国とはまるで違った国になっている。

結果として、抗議行動も盛んに行われるし、何事も包み隠さず語られるようになっています。いくら政府が言論を封じたくても封じることはもはやできないのです。私は毎日、大勢の人に語りかけている。何千という人々です。これが四〇年前だったら、話をしたくてもせいぜいひとりふたりしか聴衆のいない小さな教会で話をすることができた程度でしょう。

辺見　外側から見ていると、どうしても印象が異なってしまいます。記憶違いなのでしょうか、一九六〇年代のほうがいまよりもっとまっとうだと思ってしまうのです。あのころは、例えば、バートランド・ラッセルやスウェーデンのパルメ首相[*22]やサルトルたちが相次いで重要なメッセージを発し、国際的反戦運動を大いに盛り上げました。いまはそういう重要なメッセージが、あなた以外にはあまり目立たないような気がします。

知識人は闘わなかった

チョムスキー　バートランド・ラッセルは当時八〇代でした。彼は非常に強固に立場を貫き、断罪されました。アメリカ中で憎悪され、罵倒されたのです。批判に対する反論さえ、ニューヨーク・タイムズは受け付けなかった。ひどい悪事を働いたかのように咎《とが》められた。ジャン＝ポール・サルトルもいくつか声明を出しましたよ。私も署名した。ふたりして共同声明も出しましたが、まったく無意味だった。だって、たったふたりの知識人が一緒に声明文に署名したからといって、何になりますか？　それに、あれは随分たってからの行動だった。一九六三年ではありませんでした。ヴェトナム戦争に対する反対なんて事実上なかったんですよ。もちろん、市民たちの反戦運動はありました。しかし知識人のなかにはなかったのです。非常に限られた反論しかありませんでした。どのくらい限られていたかといえば、何年か前にロバート・マクナマラ（元米国防長官）が出した回想録がどう迎えられたかを考えてみればよくわかります。興味深い本でしたよ。

辺見　『マクナマラ回顧録―ベトナムの悲劇と教訓』（仲晃・訳／共同通信社刊）のことですね。

バートランド・ラッセル
（1872-1970）
巻末「人名ノーツ」参照

ジャン=ポール・サルトル（1905-1980）

オロフ・パルメ（1927-1986） 巻末「人名ノーツ」参照

日本のヴェトナム戦争研究者の間でも評判になりました。

チョムスキー　タカ派の人々は、マクナマラを裏切り者と批判した。ハト派の知識人たちは、喝采した。なぜならマクナマラが最終的に、ハト派の正当性を認めた、といっているからです。しかし、ハト派が自らの正しさを認めてもらえた、と感じたその本に、マクナマラはいったい何を書いていたのか。彼はアメリカの人民に対して謝罪しました。だが、ヴェトナム人民に対しては？　何もなしです。彼はアメリカ国民に謝罪した。それはあれが多大な犠牲を払う戦争になることを、然るべき段階で発表せず、そのために国民に苦痛をもたらしたからです。こういうことならナチの将軍にだって書ける。スターリングラード包囲のあとで、戦争はコストがかかることを早くいわなかったから、とドイツ国民に向かって謝罪するようなものだ。あるいは日本軍の将官が、「真珠湾攻撃などするんではなかった。ああいう結果を招くとは」というようなものです。マクナマラの謝罪は、そういう類《たぐい》の謝罪なのです。

しかしおもしろいことに、ハト派の知識人たちはこれで自分たちの正当性が証明されたと感じた。ハト派の知識人たちというのがどういう者たちだったかこれでよくわかるでしょう。彼らは決して戦争そのものに反対していたわけではなかった。戦争の進め方に、コストの面で異論を唱えていただけなんです。まさに衝撃的ですよ。民衆は（知識人と考えが）違っていたのです。

辺見　そうでしたか。日本ではかならずしもそうは受けとられていませんでした。重要な指摘だと思います。

チョムスキー　知識人がいっていたのは、戦争は誤りだった、最初は善良な意図から始めたけれども判断を誤ったのだ、ということでした。それは要は戦争のコストのことだったのです。他方、一般の人々は、戦争は「基本的に悪であり、道徳に反する。単なる判断の誤りではない」といっている。極めて大きな溝です。知識人と大衆の間には、大きな隔たりが当時たしかにあった。それはいまでもあるのです。

辺見　私は一般に民衆のほうが保守的だとばかり思ってきました。

チョムスキー　反戦運動については、それがいつ始まったか思い出してください。私は自分の経験からお話しすることができるんです。この街、ボストンは、とてもリベラルで活動家の多い都市です。我々は一九六六年になるまで、戦争に反対する集会を持つことができませんでした。南ヴェトナムへの軍事介入が開始されて四年もたっていた。なぜ集会ができなかったか。学生たちの手で、集会が物理的に妨害されたからです。メディアは、「ああいうものを見事に阻止した学生たちはすばらしい」と称えました。のちに、一九六六年の終わりから六七年にかけて、反戦運動はボストンのみならず世界中に広がっていきます。しかしそれは、何十万という人がすでに南ヴェトナムで虐殺されてしまってからのことです。国土は壊滅状態になっていた。南ヴェトナムには何十万というアメリカ兵がいて、戦乱はインドシナ半島全体に波及していきました。そういう段階になってやっと、実効のある反戦運動ができるようになった。それは民衆の間に起こったことでした。知識人の間にではない。そのことはしつこいくらいにいわねばなりません。

辺見　六〇年代と現在の状況の比較を興味深くお聞きしました。というより、常識を覆されて、ちょっとしたショックを受けております。日本のアメリカに対する左右両面の幻想はもっと正されなければならないのかもしれません。それにしても心配なのは、いまのアメリカの言論状況です。例えば、あなたご自身は、政府当局から何らかの脅威を受けたりはしていませんか？　カリフォルニアのバーバラ・リー[*23]（下院議員）や作家のスーザン・ソンタグがいま、ある種の脅しに晒されているということも聞きますけれども。

脅し？　大したことはない

チョムスキー　そんなことはありません。彼女たちは当局からはいかなる脅しも受けてはい

バーバラ・リー米下院議員　巻末「人名ノーツ」参照

ないのです。批判的な立場をとると、脅迫の手紙を受けとったり、人から嫌われたり、新聞に悪く書かれたりはする。そういうことが起こりうる、という現実に不慣れな人々は驚きはするでしょう。しかし、ここで起こっていることなど、どうということはないのですよ。それを取り立てていうこと自体、「不面目」なことです。

私はつい先日までトルコに行っていました。ある出版人の裁判に出るためです。その出版人は、私が書いた文章を出版した。トルコのクルド人抑圧について書いたものです。

辺見　あなたの著書の出版をめぐる国家治安法廷のことですね。トルコ検察庁が反テロリズム法を根拠にその出版人を起訴した。結果的に検察側は起訴を取り下げたと聞いていますが。

チョムスキー　非常に重大な問題なのだが、しかしトルコでは、そのようなことを口にするのは許されないのです。出版人は刑務所に入れられるかもしれない。彼を支えているのは、トルコの指導的知識人です。この人たちはまさに裁判という機会を捉えて禁じられた言論や、刑務所にいる人々の文章などを集めた本を共同で出版してのけ、それを検察につきつけました。私もその出版に参加しました。

勇気があって、誠実で高潔な知識人とはこういう人たちをいうんです。それに、トルコの刑務所というところはハンパではない。彼らが立ち向かわなければならないものに比べたら、

トルコでの著書出版に関する裁判でイスタンブールの国家治安法廷に入るノーム・チョムスキー（2000年2月）

空港でクルド人少女の歓迎を受け（左）、2002年12月のイスタンブール・ブックフェアではトルコ出版協会平和賞を受賞（右）

この国の人間が抑圧などということ自体、恥ずかしいんです。この国では、抑圧といっても誰かから中傷される程度でしょう。そんなこと、誰が気にしますか？　ちっとも大したことではない。

辺見　抑圧がなくても自主規制するということでしょうか。日本ではまさにそうです。

チョムスキー　例えば、昨夜はＭＩＴで私を批判する大規模な集会が開かれた。気にはしていませんが。私を批判するために集会をしたければすればいい。ちっとも構いません。それを抑圧と呼べるでしょうか。世界中で、人々がいったいどのような現実と闘っているかに思いをめぐらせたならば、「抑圧」などと口に出すのすらおこがましい。抑圧などありません。何でも好きなことがいえる。主流から外れたことをいえば、知的ジャーナリズムからは批判されるかもしれない。誹謗され、断罪され、ひょっとして脅迫状の一通も受けとるかもしれない。しかし、だから何だというんでしょう。なぜそんなことをわざわざ騒ぎ立てるのか。この国は極めて自由な国です。政府には言論を統制するだけの力はない。

マスコミは、いろんな意見を封殺することができます。いまはＡＯＬタイム・ワーナーになっている企業が、私の本を世間に出回らせないようにするためだけに出版部門をつぶし、保有していた書籍をことごとく抹殺したことがあります。そういうことは現実に起こるんです。しかしそれは抑圧とはいえない。出したければ別の出版社から本を出すことだってできるんですから。そういうことをことさらにいい立てるのはばかげています。

辺見　私はいま、言論統制がないということについての、あなたの真意が初めてよくわかりました。自分への抑圧を他国のもっとひどい抑圧状況との比較の上で考える。また、権力の抑圧ということを、それに抗する運動や闘争との関連で考える。それは大事な思想ですが、締めつけがないわけではない。

チョムスキー　言論の自由はアメリカで、市民の運動のなかで獲得されてきたものです。第一次世界大戦当時、バートランド・ラッセルはどこにいたか。刑務所です。アメリカの労働運動指導者、ユージン・デブス[*24]はどこにいたか。刑務所です。彼らがいったい何をしたというのか？　何もしていません。〝戦争の大義〟に疑義を呈しただけです。言論の自由とはそういうことです。いまは違いますよ。市民運動が言論の自由の範囲を広げたのです。現在まで自由は保障されてきています。だが、このまま保障されつづけるわけではない。こういう権利は勝ち取られたものです。闘わなければ勝ち取ることはできない。闘うのを忘れてしまえば、権利は失われていくのです。天与の贈り物のように、降ってくるわけではないのです。

辺見　まったく同感です。ここでテーマを移したいと思います。今年になってからの話をしたいのですが、ブッシュ大統領が、一般教書演説で、「悪の枢軸」という極めて危険な考え方を打ち出しました。それ以来、イラクに対する軍事攻撃の可能性が非常に高まっていると思うのですけれども、この点については、あなたはどうお考えですか？

ブッシュは「枢軸」の意味を知らない

チョムスキー　そうですね、まず、「悪の枢軸」といういい回しを点検してみましょう。ブッシュ大統領はおそらく、「枢軸」の何たるかを知りもしないでしょうね。しかし演説原稿を実際に起草するライターは知っています。北朝鮮とイランとイラクの関係が枢軸などでないことは十分すぎるほど承知している。（第二次世界大戦中の）東京とローマとベルリンの関係と同じではない。イランとイラクはもう二〇年も敵対関係にある。北朝鮮がこれに加えられたのは、ただほかのイスラム社会に、悪いことは何でも自分たちに押し付けられるという印象を持たせないようにするためです。だから北朝鮮が入ったんです。

スピーチライターが悪の枢軸という表現を原稿に加えてブッシュにいわせたのは、国内の聴衆を意識してのことです。ジョージ・ブッシュのマネジャーは大変です。非常に厄介な問題に対処しなければならないんですから。政府が国民に対してやっていることに、アメリカ国民の注意が決して集まらないようにしなければならない。政府は国民に非常に深刻な損害を与えているのです。9月11日を冷徹にも絶好の機会として、国内の人々への攻撃を強めた。富裕層対象の減税や軍事費の膨張は必然の結果をもたらしています。例えば、一般の人々に対する社会政策費は削られている。これは、すでに限られたものでしかない社会援助をさらに痛めつける攻撃です。こうまで痛めつけられては、政策を維持することはできないでしょう。そういう事実から、国民の目を逸らしたい。(エネルギー会社最大手の)エンロンが税金を払っていなかったという事実から、国民の目を逸らしておきたいのです。

エンロンの問題で肝心なのは、何年もの間税金を払っていなかった、それが問題なのです。なぜ払わずにすんだのか。政府が、金のある強力な企業が税金を逃れられる仕組みを作ったからです。そう、これもまた、権力者による一般大衆への攻撃です。いまの政府は以前にましてたちが悪い。そしてまた政府は、今日の石油会社を利するためなら、明日の子供たちが生きる環境を破壊してもまったく平気だという事実に、国民の注目を集めないようにしたい。それがジョージ・ブッシュの政府なのです。孫の代に環境がどうなっていても意に介さない。いま儲けることが大事なんです。

しかし人々は意に介します。人々は孫たちに地球を残したい。だからこそ、政府はそこに注意を引きたくないんです。完全に逸らしておきたい。ワシントンでは国民に対する大掛かりな攻撃が行われている。そこに人が目を向けないように、どこか別のところを向いていてほしい。どうすればいいか。恐怖に陥れればいいんです。人々をコントロールする最良の方法は恐怖を利用することです。だから、もしも我々を滅ぼそうとしている「悪の枢軸」が存在するならば、人々は恐怖に怯《おび》えて四の五のいわず、指導者のいうがままになり、指導者が人々にしていることにいちいち神経を尖らせることはあるまい、とこのように考えているのです。

炭疽菌の問題では、人々は気づきました。炭疽菌パニックが起こると、これはたちまち国外のテロリストの仕業にされた。実際、イェール大学のトップクラスの学者六人が、つい最近大学出版局から本を出して、アメリカ合衆国に対する真の脅威は炭疽菌だ、なぜなら外国のテロリストがここまでやるということを示しているからだ、と書いています。しかし、炭疽菌の出所はテキサスの国立研究所だと判明した。その時点で、この話題は新聞の一面から抜け落ちてしまった。国内のテロリストが政府の研究所から盗んでやったこと、それはトップニュースにはならないのです。

炭疽菌では人々を恐怖に陥れることはできなかった。だから別のもので脅かさなければならない。見せしめです。「悪の枢軸」もそれと同じことです。「枢軸」が何のことだったか、ブッシュは覚えていないかもしれないが、人々の中には覚えている者もいるでしょう。「枢軸」は恐怖の象徴でした。その意味で非常に上手な喩えです。だから子供のおとぎ話でも使われるのです。響きがいい。「悪の枢軸」があれば、「ヒーロー」も現実味を帯びてくるのです。

イラク軍事攻撃はありうる

ですからアメリカ合衆国がイラクを攻撃することは十分にありえますが、これは国際テロリズムとはまったく無関係です。先日ブッシュ大統領が記者会見で述べたこととも無関係です。いいですか、大統領は、サダム・フセインとは自国の国民に向かってまで化学兵器を向けるような極悪人だ、大量殺戮兵器を開発しているんだといっていました。どれも間違っていない。ただ、ブッシュのスピーチライターが注意し忘れたことがある。サダム・フセインはそれを、現大統領の父親の支援を受けてやった、という事実です。父親のジョージ・ブッシュはフセインを支援していました。イギリス政府もです。ジョージ・ブッシュとイギリス政府はフセインが最も残虐な行為をしている最中も、その後も、熱心に彼を応援し、大量殺戮兵器を作り出す技術を与えつづけた。彼が非常に危険な存在になったときも、いまのフセインよりはるかに危険であったときも。アメリカもイギリスも、フセインの犯罪をまったく気に留めなかったのです。

辺見　そうですね。サダム・フセインがクルド人に対して毒ガスによる虐殺などの残虐なテロを行っていたときに、米国は強力に支持していましたね。

チョムスキー　残虐行為の二年後、一九九〇年の春にブッシュ大統領は上院の指導者からなる代表団をイラクに派遣しました。団長はのちに共和党の大統領候補になるロバート・ドールでした。代表団の任務はイラクに行ってフセインにエールを送ることだった。代表団はあの化け物にあてたジョージ・ブッシュのメッセージを携え、「アメリカから聞こえてくる批判は気にしないで」「はねっかえりのジャーナリストが二、三人ああいうことをいっているが」「我々はあなたに全幅の信頼をおいている」などと伝えてきたのです。

フセインは犯罪者です。当時も、いまも。しかし彼の犯罪と米軍の攻撃とはまったく関係がありません。それはたしかなことです。この問題について西側知識人が沈黙を守るのは、あまりにも卑屈ではありませんか。イギリスとアメリカがフセインの圧制を支援していたことは知識人なら誰でも知っているし、いま、彼を悪の手先のように非難するのが極めて偽善的であるのもわかりきっているのに、誰ひとりそうはいわないのです。なぜならば、知識人は権力に従わなければならないと知っているから——真実を口にしてはいけないと知っているからです。権力には迎合して、指導者を称えなければならないとね。
　それを確かめたいなら、「そうとも、あいつは犯罪者だ。ありとあらゆる恐ろしいことをしでかした——我々の援助を受けて」といった者が何人いるか、数えてみればいい。そういえないのなら偽善者です。まったくの嘘つきで偽善者です。それが知識人の限界なのです。

辺見　そうですね、とりわけ9・11以降、どこの国でも知識人といわれる人々のメッキが剝げつつあります。

チョムスキー　したがって、攻撃の理由はそれではない。では何なのか？　じつに明白です。イラクの石油資源はサウジアラビアに次いで世界第二位です。アメリカは遅かれ早かれ、かつてそうしていたようにイラクの石油資源を支配下におきたくなる。これはいい機会だと政府は考えたかもしれません。反テロを口実に世界第二位の石油供給源に対する支配権を再び手中にできるいい機会であり、ライバル国、特にフランスとロシアに支配権を譲らないですむいい機会である、と考えたとしてもおかしくない。
　遅かれ早かれそういうことが起こります。これはいい機会であるかもしれない。しかし非常に難しい作戦になります。極めて根本的な理由から。誰であれサダム・フセインに取って代わる者は、民主主義勢力であってはならないのです。なぜか。新しい体制に少しでも民主的な要素があれば、人民が声を上げることになるだろうからです。イラクの多数派はシーア派です。何が起きているか語る言葉をもしシーア派が持ってしまうと、人々はイランとの関係を深めようとする方向へ行くでしょう。それをアメリカ政府は容認できない。だからアメリカ政府としては、民主主義と程遠い政権が、フセインに取って代わることを確保しなければ都合が悪いのです。

イラクのもう一つの勢力はクルド人です。アメリカ政府はクルド人に自治権を与えることなど到底承認できない。なぜならトルコに迷惑がかかるからです。トルコではクルド人が大変悲惨な目にあっています。八〇パーセントはアメリカ軍の力を使って。これはクリントンの重大犯罪の一つですが、報道されていません。だから誰もそれについて語ろうとしない。じつは私はつい先日までそこにいたんです。クルド人地域にね。何百万という人々が荒廃した国土から追いやられていました。それというのもすべてビル・クリントンと、アメリカの知識階級の責任です。知識階級は事実を語ろうとも報じようともしなかった。なぜならこれが彼らの犯罪だからです。一九九〇年代最悪の犯罪の一つです。

日本の知識人は天皇を告発したか

トルコ政府にとっては、隣にクルドの自治領ができるのは、最も望ましくないことです。だからイラクにおいてはクルド人の権利を否定しなければならないし、多数派であるシーア派の権利も否定しなければならない。どうすればそうなるか？　いましようとしているのとそっくり同じことをすればいいんです。目下、国務省とＣＩＡは一九九〇年代に国外へ逃れたイラクの将軍たちと接触を図っています。大半は犯罪者です。現にそのうちのひとりはハラブジャ虐殺（八八年、イラクのフセイン政権が国内クルド人に対して化学兵器を使用、約五〇〇〇人を虐殺したとされる事件）の責任者のひとりです。あれは毒ガスを使った……。しかしそんなことにはお構いなしだ。この男がいま我々のために喜んで動きたいというのならそれでいい。そもそも我々は彼の犯した犯罪など最初から気にも留めていないのだから。アメリカ政府は喜んで彼にポストを与えるでしょう……。

そしてもし可能なら、サダム・フセインとそっくり同じ体制を導入したいのです。さらにいえば、これは秘密でもなんでもないのです。完全に公になっています。一九九一年三月、湾岸戦争の末期にはアメリカが完全な支配権を握っていた。そのとき南部でシーア派が蜂起して、フセイン政権はこれで倒されるかもしれなかった。ところがアメリカ政府がフセインに、空軍を使って暴動を鎮圧するのを許したのです。

それがゲームのやり方なのです。人類の歴史を通じてずっとやられてきたやり方です。一九三〇年代、四〇年代、五〇年代、日本の知識人のどれだけが天皇裕仁を告発しましたか？　六〇年代はどうです？　実際アメリカ人が裏に隠された真実を暴いた本を発表するまで、できなかった。それがいつものゲームのやり方なんです。

辺見　天皇裕仁と日本の知識人の関係性は、日本のジャーナリズムや言論界の悪しき土壌を形成している大きな問題ではあります。が、ここではもう一つのテーマについて聞きたいのですけれども、最近、ペンタゴンが、ロシアとか北朝鮮とか全部で七ヵ国でしたか、それをターゲットにした核攻撃のガイドラインを作りはじめたといわれます。これについてはどのようにお考えですか。

チョムスキー　これはクリントン政権時代の政策にほんの少し手が加えられたものにすぎません。私はこのことに関する書物を四年前に読みました。ベルリンの壁が崩壊するやいなや、ペンタゴンはもう武力の行使を抑制するものは何もないことに気づいたのだと思います。なぜならソ連が消失しましたから。だから彼らは戦略を変えはじめました。贅沢な兵器を潤沢に保有しているソ連から、少しずつ標的をずらしていったんです。専門用語があります。ソ連は「多兵器（ウェポン・リッチ）環境」と呼ばれていた。（アメリカは）そこから「多標的（ターゲット・リッチ）環境」へとターゲットをずらしていったのです。「多標的環境」は兵力保有は少ないが、ターゲットが多いのです。

「多標的」とはどういうことか？　南です。第三世界のこと、非ヨーロッパすべてです。そこを攻撃するには、違う方法論がいる。必要なのは小型核兵器であって、巨大な核爆弾ではない。それと新しい戦術。新しい戦術は文字通り「先制的攻撃」と呼ばれました。意味するところは、反撃しなければならないような攻撃がくる前に、あらかじめ反撃しておくことです。これは、核不拡散条約に加盟している核非保有国に対して、先制核攻撃をしかけることを表す公式用語です。それが大統領命令で認定された。

もう一つ、同様の公式声明がある。最高位の機関である戦略司令部が「冷戦後の抑止力の必須条件」なるものを発表したのですが、それにみんな書かれています。ここでいわれているのは、アメリカは「非合理的で報復的」にならなければならないということ、もしも国家が脅かされたら、アメリカは無分別な行動をとることもありうることを世界にわからせなくてはいけない、というものです。そして人々は恐れ入らなければならない。名前までついています。「威信の確立」というのです。アメリカが攻撃してくるとわかっているから、そしてアメリカには圧倒的な軍事力があるから、誰もが恐れなければならないのです。

「核兵器は不可欠だ」と彼らはいい、これを作戦の中核に据えています。なぜなら、化学兵器や生物兵器は効果が薄く、あまり劇的でもない。それに引きかえ、核兵器の及ぼす影響は甚大です。そのうえ、核兵器は非常に不気味です。だからこそ、作戦の中核に必要なのです。核兵器を常に背後においておかなければならない。背後にあることがわかっている限り、恐れられるからです。実際には使わなかったとしても、外交に影響を及ぼすことはできる。だから作戦の中核に核兵器がなければ困るわけです。（ブッシュ政権の軍事政策は）クリントンの構想といくらか違っているところもあるが、大差はありません。ブッシュの周りの人間たちはクリントンの取り巻きよりもやや攻撃的で好戦的かもしれない。しかし肝心なのは、作戦面で大きな違いがないことです。そのうえなんと、いままで話してきたことは全部、戦略全体から見たら副次的なものなのです。作戦の主要部分、最も危険な部分は宇宙の軍事化です。

辺見　宇宙の軍事化。それについてもっと説明していただけますか。

チョムスキー　ここ数年の、国連総会を見てみましょう。一九九九年以来毎年、総会で外宇宙条約が再確認されています。これは一九六七年に結ばれた条約で、宇宙の軍備を禁止しています。なぜ国連がこの条約を再確認することになったのか？　それは、世界中の人が、アメリカが条約を侵そうとしているのを知っているからです。だから毎年投票が行われ、満場一致で可決されるのですが、アメリカとイスラエルだけは棄権しています。アメリカが棄権するということは、条約はおしまいだということです。アメリカ国内はもとより、ほかの国でも報道されていないかもしれないが、アメリカ合衆国は宇宙の軍備を計画していて、それは極めて危険なことです。

迎撃ミサイルを備えるというのは、ほんの手始めにすぎません。政府が思い描いていることと――ちなみにこの情報は完全に公開されています。クリントン政権時代の文書があるのです――それは破壊力が高く、攻撃的な兵器を宇宙に配備することです。例えば大量殺傷力のあるレーザー兵器で、おそらく小型原子炉を載せている。そして精密な警報装置、つまり自動操縦で発射されることもある。制御は自動です。人間が行う必要はありません。すべてにおいて相当な迅速さが要求されるからです。地球的規模の破壊を保証したも同じです。工学の文献には、「標準事故」という用語がある。「標準事故」にはうまく対処しなければならない。複雑系のなかではかならず起こる類の事故です。いつ起こるかはわからない。しかし起こります。コンピュータを持っていたら、そのうちかならず標準事故が起こります。突然何も動かなくなる。複雑系とはそういうものです。

宇宙の軍備も極めて複雑なシステムなので、標準事故は起こります。標準事故が人類を破滅させる。しかし、これは非常に重要な計画で、スペースコマンドという公開されている文書を読めば、計画の理由が書かれています。「アメリカ産業の利益と投資を守るために、宇宙という新たな場へ向かわなければならない」と。かつて海軍が創設されたのと同じ理由です。海軍は産業の利益と投資を守るために作られた。そしていま、我々はまたしても開拓しなければならない。宇宙を。

ところがことは同じようにはいきません。イギリスが海軍を創設したときは、ドイツや日本が反撃することができた。しかしアメリカが宇宙を占有すると、これに反撃するところがないのです。宇宙開発にかけてはアメリカが独走しているからです。ということは、圧倒的な力をもって、利益と投資を守ることができるのです。極めて危険です。いろいろな問題はあるが、とにかくまず第一に、とても危険です。

もともとはクリントン時代の計画だったのが、ブッシュによってエスカレートしました。とても危険です。これは秘密でもなんでもない。最初にもいったように、アメリカはすこぶる自由な国です。政府の活動に関して、文書は膨大にあります。しかし欠けているのは、真実を明らかにしようとする知識階級です。宇宙開発に関する文書はインターネットで見ることができる。しかし、一般の人々の関心が集まらなければ、誰も何もしようがないし、誰にも知られることがない。

ボストンの道端で、あるいはハーヴァードの学生ラウンジで、インタビューをしてごらんなさい。誰ひとりこのことを知りませんよ、公表されているにもかかわらず。どこかで書かれたことはあるにちがいないが、非常に反政府的な文芸のなかでだけです。だから、あなたの最初のご質問に戻りますが、この国には言論統制はない。しかし、情報が表に出てこないということです。ただし、これは選択の結果です。統制ではありません。

辺見　なるほど。今後の問題なのですけれども、イラクに対してアメリカが戦術核を使用する可能性についてはいかがお考えですか？

チョムスキー　率直にいって、疑問です。彼らは戦術核まで必要だとは思っていないでしょうから。アメリカは通常兵器も圧倒的な量です。核兵器の使用はどちらかといえばプロパガンダなのです。アフガニスタンでは、戦っている相手が見えず、中世に舞い戻ったような戦況で、実質的に核兵器クラスの兵器を使っています。「デイジーカッター」といわれるタリバン兵を殺戮するために使われているものもそうです。あるいは「サーモバリック爆弾」というのも核兵器に極めて近い。それに、アメリカ兵が戦っている相手をごらんなさい。靴も履いていない農民です。技術レベルは一二世紀ですよ。

すでに核兵器並みの兵器を使用

力の差はあまりにも圧倒的ですし、核兵器の使用という伝家の宝刀を抜くのは誤りです。頭のおかしい連中が何をするか、わかったものではないけれども……。

イラクについては、兵器の問題ではないでしょう。イラクの軍隊を全滅させたあとに何をするかです。いま直面している問題は、民主主義の問題、適切な軍事指導者を見つけ、西側に従順な国家をいかに維持するか、ということです。それにもちろん、ほかのイスラム社会を怒らせないようにやらなければなりません。これが現実の問題で、核兵器では解決しないのです。

辺見　私の目には、アメリカはいま、戦線をどんどん世界中に拡大しているようにも見えます。アフガニスタンから事実上パレスチナへ、そして今度はイラクへと。テロ撲滅を口実に、いろんな国に対して軍事顧問団を送っていますし、さきほどの「悪の枢軸」発言のように他国を故意に挑発もしています。オーバーにいえば、戦線を無限に拡大し戦争をグローバル化しているような気もするのですが。

チョムスキー　思うに、いま起こっていることで重大なのはそういう問題ではありません。アフガニスタンでの戦争がもたらしたのは、中央アジアにおいて、アメリカが軍事力を発揮したという事実、そしておそらくはそこに恒久的な軍事基地を築いた、ということでしょう。アメリカは世界中に軍事施設を展開しています。太平洋から大西洋まで、どこにでも巨大な米軍基地がある。沖縄にもあります。そしていま、中央アジアに新しい拠点ができた。

これ以前、アメリカは中央アジアで軍事力を発揮する機会があまりなかった。いまはウズベキスタンやトルクメニスタンなど、新しい同盟国ができたということです。両国とも、タリバンとてもよく似た性格の政府なのですがね。だからいままで、殺人者でかつギャング同然だった両国が突如として聖者になった。発展して、民主化が進んでいくだろうと、新聞には書かれています。いまも昔と変わらないギャングですが、いまや、アメリカ軍の基地を容認するギャングになったのです。だからタリバンのように振る舞おうと、それは自由なのです。

しかしこれは軍事力の行使だから、やはりさまざまな問題を引き起こす。ロシアや中国、イランなど、中央アジアに利害を持っている国々もあります。

したがって、必然的に衝突の要因を内包しているのです。しかしこれは大きな変化だ。ほかの場所での、例えばフィリピンでの出来事はサイドショーにすぎません。現実に、重大な問題の起こっている場所の一つが、おそらくインドネシアでしょう。アメリカは最悪の圧制の時代にも、インドネシアを支援してきました。いっておきますが、日本の行いはアメリカの行いよりさらに悪いですよ。

辺見　それは私も聞いております。日本のインドネシア支援にはこれからも暴かなければならない暗部が多くあります。

チョムスキー証言を日本が妨害

チョムスキー　いささか個人的な話になりますが、私が東ティモール問題について初めて国連で証言したのは二四年前、一九七八年のことでした。証言は裏で妨害されましたが、妨害しようとしていたのは日本の大使館だということがあとでわかりました。

辺見　えっ、そんなことがあったのですか。

チョムスキー　インドネシアの友人たちが行った大量虐殺が告発されるのを防ぎたかったのです。だから日本の行いも、決して誉められたものではない。アメリカだけではないのです。

とはいえインドネシアの東ティモール政策の主な支援者はイギリスとアメリカだった。最後まで支援しつづけたのです。一度たりともやめなかった。最後には、ありとあらゆる圧制が行われていたことなど気づかなかったふりです。世論の圧力に負けて、クリントン政権は最終的にはインドネシア軍との公的な関係を断たざるをえなくなった。けれども政府は関係の再構築を欲していた。そこでいわゆる対テロ戦争を利用して、血に飢えたインドネシア軍の将軍たちと再び手を結ぼうとしているのです。彼らは主に日本とアメリカによって、虐殺の責任に関して西側の調査の手が及ばないよう、守られています。

ですから、これももう一つ非常に重要な問題なのです。ただし簡単にはいかないでしょう。例えばオーストラリアでは大きな反対が起きています。そして名前はわかりませんが、オーストラリアの情報部の人がとても重要な文書をリークしました。ついこの数日の間に出てきた文書もあります。それによると、オーストラリアは一九九八年から九九年の残虐行為を承知していた。

辺見　国連管理下の住民投票のころですね。独立派が圧勝したけれども、いわゆる併合派民兵が発砲、放火、略奪を繰り返し、多国籍軍「東ティモール国際軍」が展開を開始した。

チョムスキー　オーストラリアのマスコミによって明らかになった話は、極めてショッキングです。オーストラリアの情報部が承知しているなら、アメリカの情報部も知っていただろうし、イギリスの情報部も認識していたはずです。アメリカはオーストラリアに大規模な情報収集センターを持っているんですから。ここはあらゆる出来事を把握していたでしょう。つまりビル・クリントンは東ティモールで途方もない大量虐殺が行われているのを知りながら、コソボよりひどい状況であるのを知りながら、軍隊を送り、訓練も行っていたのです。

トニー・ブレアはこれに輪をかけて悪質です。オーストラリアの平和維持軍が駐留を始めたあとも、戦闘機を派遣しているのですから。それが「倫理的外交政策」だというのです。これもまた、知識人にとっては大きな問題です。知識人は「我々の指導者」を、トニー・ブレアでもロビン・クック（第一期ブレア政権の外相）でもビル・クリントンでも誰でもいいが、とにかく聖人に見せなければなりません。大量殺戮者の手に、完全に意識的に武器を手渡すような類の聖人です。それを二五年間やってきたのです。

メディアが取り上げてもいい恰好の材料ですよ、これは。イギリスの新聞を読んで、どのように書かれているのか見てみるといい。いや、見るまでもないでしょう。まったく触れられてもいないのだから。

しかし和解は成立するでしょう。そういうことは大切だ。世界の形勢を少しばかりは変えることになる。しかし大きく変えはしません。

中央アジアでグレートゲーム再現

中央アジアはおそらく最も重要な場所ですよ。一九世紀の「グレートゲーム」の再現です。一九世紀、イギリスとロシアは中央アジアまで拡張していき、そこで衝突した。アフガニスタン周辺で、イギリスとロシアが覇権を争って随分戦いました。それが「グレートゲーム」と呼ばれたのです。

これは新しいグレートゲームです。当事国の顔ぶれも違う。イギリスはいまや片隅に追いやられてしまいました。今度の主役はアメリカとロシアと中国です。利害も当時とは異なる。中央アジアの豊富なエネルギー資源をどこが支配下におくか、ということが争点なのです。湾岸地域ほどではないが、豊富です。日本も関わってきています。

辺見　最近、アフガニスタン復興国際会議が東京で行われました。私の考えでは、アフガニスタンの経済的、社会的な復興はたしかに大事なんですけれども、非常に残念だったのは、アメリカによる一方的な軍事攻撃に対しての非難の声、それを問題にする声がなかったことです。逆にいえば、アメリカの一方的な攻撃が、紛争解決のための一つの定式として、国際社会に受け入れられつつある。私はこの定式に反対です。

チョムスキー　一方的な軍事攻撃は新しい方法などではまるでありません。じつに古臭い方法です。イギリスが世界を支配していたころのことを考えてみましょう。イギリスは何をしたか。例えば、第一次世界大戦後、イギリスは弱体化しました。大英帝国全域を直接の兵力で支配することはもはやかなわなくなった。そこでやり方を変えねばならなかった。どのように？　ウィンストン・チャーチル[*25]が音頭をとったんですよ。彼は陸軍大臣でした。彼はアフガン人とクルド人に対して毒ガスを使うことを推奨しました。なぜならそれが、「生々しい恐怖」を駆り立てるからです。そうやって、完全に制圧できない未開の人々、アフガン人やクルド人を、支配下におこうとしたのです。

インド省からは反対がありました。毒ガスを使うのは立派なことではないと。チャーチルは激怒しました。「未開人たちに毒ガスを浴びせるのは気分がよくないという心境は理解できん。それが多くのイギリス人の命を救うのだぞ。これは優れた科学の成果なのだ」

第一次大戦後の話です。毒ガスは残虐の極みですが、クルド人やアフガン人相手ならそうではなかった。当時、空軍力はようやく出はじめたところでした。そこでイギリス軍は空軍力を一般市民に投入することにした。中央アジアの一帯、アフガニスタンやイラクなどを爆撃しはじめたのです。

当時も軍縮会議はありました。軍縮会議のたびにイギリスが心を砕いたのは、空軍力を市民に行使することに対して、いかなる障害も持ち上がらないようにすることでした。首尾よくやり遂げたとき、イギリスの偉大な政治家ロイド・ジョージは、政府代表を称えて日記に書いた。「ニガーに爆弾を落とす権利は守られなければならない」と。これがロイド・ジョージの姿です。有名な政治家の。そしてウィンストン・チャーチルです。偉大な指導者の。ふたりとも大英帝国のヒーローです。どこか違いがあるでしょうか？　実際のところ、もし時間が許せばフランスのこと、日本のこと、ドイツのことも話したい。大国はいつもこうやって人の顔を正面から蹴飛ばしてきた。何も目新しいことではないんです。だから誰ひとり驚かない。

数百万人の餓死を推定して空爆

（アフガンへの）空爆を始めたのはたしかにアメリカです。ジョン・F・ケネディの話に戻りましょう。ハーヴァード大学にはケネディ・スクールがある。ここが政府の頭脳です。この大学院は『インターナショナル・セキュリティ（国際安全保障）』という機関誌を出しています。今月号を見ると、アフガニスタン専門家が記事を書いている。この文章が書かれたのは空爆が始まって一ヵ月後くらいで、戦闘はそのころにはほとんど終わっていたはずです。この作戦は、数百万のアフガン人を飢餓に追い込むであろうという見積もりの上に行われた、と筆者は書いています。数百万の人々が餓死する可能性があると、前もってわかっていたのです。

彼らがいまどうなっているか、わかっているでしょうか。いいえ。自分たちの犯罪を調べていないからです。誰ひとり知りません。ヴェトナムで何人が殺されたか、数百万の単位でなら知っています。我々は自らの罪を調査することはしません。負けた国だけが「悪いことをした」といわされる。第二次大戦後の東京裁判が行われたのは、日本が負けたからです。ワシントン裁判などというものは開かれませんでした。毒ガスを使ったチャーチルに対する戦争裁判もありませんでした。敗れたときにだけ、自らの罪を見つめる。そのようにし向けられるのです。

しかしいったい何人の人が死んだのか、正確なところを見出すことは誰にもできないでしょう。ただ推定はできます。アメリカ軍は、数百万の人々を死なせることになるという推定のもと、空爆を行った。それをかなり高いところで話し合ったのでしょう。誰か気にかけたでしょうか？　いいえ。それが当たり前だから。ヨーロッパとその分家は、何世紀にもわたって、常にそうやって世界を扱ってきました。そして日本もこの半世紀、できる限りそうしてきたのです。

例えば、フランスを例にとってみましょう。アルジェリア独立戦争の際、フランスの国防相は「我々はいま原住民を撲滅している」といった。これが当たり前でした。ベルギーはおびただしい数の人を殺している。これはことさら驚くような数字ではありません。

だからアメリカが盛んに空爆するのも驚くにはあたらない。いたって普通のことなのですから。弱い人たち、貧しい人たちをそうやってあしらってきたのです。何もいまさら驚くことではありません。

米英はアフガンに賠償を払え

アフガン復興の東京会議は資金援助を約束しました。金は現地に届けられたのか？　届いていません。約束はされたけれども届けられてはいない。届けられない理由はいくらでも並べられるでしょう。ただ援助のポーズだけでも、先進国の我々はなんてすばらしいんだろうという、たいそうな宣伝になる。あきれた話です。ロシアとアメリカはアフガニスタンに賠償すべきです。一九八〇年代、この二つの国がアフガニスタンをめちゃくちゃにしました。よってたかって国土を破壊した。アメリカはイスラム過激派テロリストの組織化を援助した。アフガニスタンの利益のためではありません。支援を通して国土を荒廃させ、狂信的な宗教指導者の手に委ねてしまった。こういう場合、援助ではなく補償を支払うべきです。ほんの少しでも誠実さのかけらがあるのなら、援助などと口走らないほうがいい。自分たちがしたことに対して、巨額の賠償金を支払うべきなのです。しかしそれは協議項目になかった。

実際のところ、アメリカが一ドルでも支払うとしたら驚きです。いまアフガニスタンは群雄割拠のころに逆戻りしようとしています。ロシアとアメリカが掃討したあとに、いくつかの軍事勢力が国土を分断したように、そういうふうになりつつある。

9月11日のことで人々が何よりショックを受けたのは……あの行為は大変に残虐でした。しかし衝撃的なことはあれだけではない。残虐非道な行為はほかにもたくさんあります。ただ西側で起こったのはあれが初めてというだけのことです。世界のほかの人々に対して、我々がやってきたことなのです。ほかの人々はこれまで、我々にあんなことはしなかった。だからショックだったのです。ほかの国の新聞を見ると、かならずしも驚いてはいません。パナマでは、メディアが残虐行為を批判している例があり、そこでは父親のほうのジョー

東京におけるアフガニスタン復興国際会議（2002年）

威力は核兵器級のデイジーカッター爆弾

ジ・ブッシュの名前が出てきます。一九八九年、パナマに侵攻したとき、ブッシュはパナマのスラムを空爆させています。二〇〇〇人あまりの人が犠牲になった。そういうことをよく知っているので、「自分たちがこれまでずっと我々にしてきたことをよく見てみなさい」となる。だからといって残虐さが薄れるというものではないけれども、衝撃は小さくなりますね。世界のどこにでも同様の戦争の話があるんです。

辺見　最後の質問です。いまの日本の首相は、ブッシュ政権を、前のクリントン政権より好きらしく、ほとんど運命をともにするようなことをいっています。同時に、日本がずっと大事にしてきた平和憲法を変えようともしています。アメリカのアフガンに対する報復攻撃の際には、インド洋に自衛隊の艦隊を出したり、憲法に真っ向から反する法律をつくったりして、アメリカの意のままに平和的政策を変えようとしています。日本にはいま重大な変化が生じていますが、この点、あなたはどうお考えですか？

チョムスキー　日本はこれまでもアメリカ軍国主義に全面的に協力してきました。戦後期の日本の経済復興は、徹頭徹尾、アジア諸国に対する戦争に加担したことによっています。朝鮮戦争までは、日本の経済は回復しませんでした。朝鮮に対するアメリカの戦争で、日本は供給国になった。それが日本経済に大いに活を入れたのです。ヴェトナム戦争もまたしかり。

アメリカ兵の遺体を収容する袋から武器まで、日本はありとあらゆるものを製造して提供した。そしてインドシナ半島の破壊行為に加担することで国を肥やしていったのです。

そして沖縄は相変わらず、米軍の一大軍事基地のままです。五〇年間、アメリカのアジア地域における戦争に、全面的に関わってきたのです。日本の経済発展の多くは、まず、その上に積み上げられたのです。

五〇年前に遡ってみましょう。サンフランシスコで講和条約が調印されました。五〇周年を祝ったばかりですね。

辺見　昨年九月ですね。サンフランシスコのオペラハウスで五〇周年記念式典が開かれ、日本からは田中真紀子外相（当時）が出席しました。これには、戦争責任を回避しているというアジアからの非難の声もありました。

チョムスキー　その条約にどこの国が参加して、どこがしなかったか、ご存じですか？　アジアの国は軒並み出ませんでした。コリアは出なかった。中国も出なかった。インドも出なかった。フィリピンも出なかった。出席したのはフランスの植民地と、当時イギリスの植民地だったセイロンとパキスタンだけでした。植民地だけが出席した。なぜか？　それは講和条約が、日本がアジアで犯した犯罪の責任をとるようにつくられていなかったからです。日本がすることになった賠償は、アジアに物品を送ること。日本にとっては万々歳です。資金は結局アメリカが賄ってくれるからです。しかしもちろん、アメリカには支払いをしなければなりませんでした。占領経費やその他の犯罪のつけをアメリカに支払う。アジアの人々には支払わない。アジアに対しては何も提案されませんでした。それは日本が、誰もが知るところの真の戦争犯罪人である天皇のもと、以前のファシズム体制を復活させて国家を再建しようとしていたからです。それも、アメリカの覇権の枠組みの中で。

辺見　同時に締結された日米安保条約とともにサンフランシスコ体制という、日本の対米盲従構造をつくりました。これが今日もつづいている。

チョムスキー　日本はその状態にいたく満足していました。それで富を蓄積することができたからです。日本の戦後復興はこのようにして成された。日本はそこを見つめる必要がありま す。だがもしも憲法を変えるというのなら、たしかに由々しいことではあります。しかし五〇年にわたってアジア地域での戦争に貢献してきたことに比べたら、ささいな問題です。

辺見　おっしゃっている意味はわかりますが、我々にとってはささいではありません。

チョムスキー　この五〇年を含む前の世紀には、日本が記憶に留めておくべきことが数多くあります。何度もいうようですが、他人の犯罪に目をつけるのはたやすい。東京にいて「アメリカ人はなんてひどいことをするんだ」といっているのは簡単です。日本の人たちがいましなければならないのは、東京を見ること、鏡を覗いてみることです。そうなるとそれほど安閑としてはいられないのではないですか。

（二〇〇二年三月一五日、米国マサチューセッツ州ケンブリッジのマサチューセッツ工科大学にて）

辺見庸（へんみよう）

一九四四年宮城県生まれ。早稲田大学文学部卒業。七〇年、共同通信社入社。北京特派員、ハノイ支局長、編集委員などを経て九六年、退社。この間、七八年、中国報道で日本新聞協会賞、九一年、小説『自動起床装置』で芥川賞、九四年、『もの食う人びと』で講談社ノンフィクション賞を受賞。他の著書に『赤い橋の下のぬるい水』『反逆する風景』『ゆで卵』『屈せざる者たち』『眼の探索』『独航記』『単独発言』『永遠の不服従のために』などがある。

人名ノーツ

＊1 ウッドロー・ウィルソン Woodrow Wilson 1856-1924
第28代米大統領（1913–21)。政治・法律学者からプリンストン大総長を経てニュージャージー州知事。「自由と改革」の理想を掲げて大統領に就任。第1次世界大戦には開戦から中立を保ったが、再選後の1917年に参戦。終戦後、新設の国際連盟規約を含むヴェルサイユ平和条約の批准を米上院が拒否、念願としていた「新しい国際秩序」の構築は成らなかった。

＊2 ジョン・デューイ John Dewey 1859-1952
アメリカの哲学者、教育学者、心理学者。20世紀アメリカの代表的思想であるプラグマティズム運動のリーダー。ミシガン、シカゴ、コロンビア各大学で教える一方、「行動する思想家」として哲学、教育のみならず政治、芸術、宗教など多方面に影響を与えた。

＊3 ウォルター・リップマン Walter Lippmann 1889-1974
アメリカを代表するジャーナリスト、作家。リベラルな『ニュー・リパブリック』誌の創刊に参加してジャーナリズム入りしたが、やがてニューディール政策を批判するなど次第に保守化していった。同時代の政治評論においては、おそらく最も影響力があった。

＊4 ラインホールド・ニーバー
Reinhold Niebuhr 1892-1971
プロテスタントの社会思想家、神学者。ドイツ移民の子と

してミズーリ州に生まれる。ユニオン神学大（ニューヨーク）教授をつとめながら、近代産業社会における「神学的人間学」を実践した。政治・労働問題にも積極的にかかわり、著作を通して政治学の分野に多大な影響をおよぼした。

＊5 **ジョージ・ケナン** George Kennan 1904-
ウィスコンシン州生まれの米外交官、歴史家。46年駐ソ代理大使として国務長官宛に、戦後ソ連の動向を伝える「極秘長文電報」を送り、47年には「ミスターX」のペンネームで「対ソ封じ込め政策」を提唱した。駐ソ大使をつとめたあとの53年国務省を退官し、プリンストン大高等学術研究所で外交政策を研究。2002年９月には、米連邦議会専門紙のインタビューで、ブッシュ大統領の対イラク戦争策を批判し注目を集めた。

＊6 **ハロルド・ラスウェル** Harold Lasswell 1902-1978
アメリカの政治学者。シカゴ大学およびイェール・ロウスクール教授。心理学・政治学・社会学を融合し「政策科学」の概念を作りあげた。

＊7 **エドワード・バーネイズ** Edward Bernays 1891-1995
広報（PR）業界のパイオニア。オーストリア生まれのアメリカ育ち。第１次世界大戦に関する米政府広報を創出したあと、世界初の PR (Public Relations) 会社をスタートさせた。「市場調査と社会科学にもとづいた広報」の創始者として、100歳まで現役をつづけた。

＊8 **ノーマン・ポドレッツ** Norman Podhoretz 1930-
保守派のジャーナリスト、作家、文芸評論家。1960年から35年間『コメンタリー』誌の編集長をつとめ、95年以降はハドソン研究所上級研究員。

＊9 **ホセ・ナポレオン・デュアルテ**

José Napoleón Duarte 1925-1990

元エルサルバドル大統領。内戦に突入した1980年就任。82年、軍部の圧力で辞任。84年、米の後押しで再び大統領となったが、土地改革、左派ゲリラとの交渉などの公約を果たせぬまま89年に離任。

＊10 **アレクサンダー・コバーン**

Alexander Cockburn 1941-

リベラル派のジャーナリスト、作家。隔週刊ニュースレター『カウンターパンチ』の共同編集長。スコットランド生まれのアイルランド育ちで、1973年以来アメリカ在住。

＊11 **ヘンリー・ゴンザレス** Henry Gonzalez 1916-2000

テキサス州選出の元民主党下院議員。両親は1911年のメキシコ革命を逃れてアメリカに移住してきた。56年、州上院議員。61年に連邦下院議員となり、98年に引退するまで37年間在職した。

＊12 **バーバラ・ボクサー** Barbara Boxer 1940-

カリフォルニア州選出の民主党上院議員。女性の権利・環境問題に取り組むリベラル派。1982年から10年間連邦下院議員をつとめ、93年から現職。

＊13 **クレイトン・ヤイター** Clayton Yeutter 1930-

1991年当時の米共和党全国委員長。レーガン政権の通商代表。ブッシュ（父）政権農務長官。通商代表時代に世界貿易機関（WTO）の立ち上げにつとめた。日米経済交渉で日本との関わりが深く、ブッシュ（子）政権の駐日大使にとりざたされたこともある。

＊14 **マヌエル・ノリエガ** Manuel Noriega 1934-

パナマの最高実力者として強権をふるった元国防軍司令官。

1989年の米軍による侵攻作戦で逮捕。92年、米マイアミ連邦地裁が麻薬製造・密輸など8件の罪で拘禁40年の実刑判決をくだし、マイアミの連邦刑務所で服役。

＊15 **ドナルド・ラムズフェルド** Donald Rumsfeld 1932-
米国防長官。ブッシュ政権内強硬派の一人。ニクソン政権で下院議員からホワイトハウス入り。フォード政権の大統領首席補佐官および一度目の国防長官。「9. 11」の航空機によるペンタゴン・ビル突入では危うく難を免れ「対テロ戦争」の指揮をとる。

＊16 **ジョン・ネグロポンテ** John Negroponte 1939-
アメリカの国連大使。1960年国務省入りし、ヨーロッパ、アジア、中南米で勤務。駐ホンジュラス、メキシコ、フィリピン大使、国務次官補を歴任。

＊17 **ジーン・カークパトリック** Jeanne Kirkpatrick 1926-
アメリカの元国連大使、政治学者。もともとは民主党員だったが、カーター大統領の外交政策に反対して党籍を共和党に変更。レーガン政権で女性初の国連大使（1981–85）。アメリカの「大義」を強力に押しだし、大統領に「外交の巨人」と呼ばれる存在だった。外交・国防政策におけるその影響力は、ブッシュ政権になって再び強まっている。

＊18 **エマヌエル・コンスタン** Emmanuel Constant 1957-
ハイチの元武装集団指揮者。1994年、ハイチを脱出しアメリカ入国。95年、密入国容疑で米移民局が逮捕。ハイチ政府は軍政時代（1991–94年）の虐殺行為を理由に身柄の引き渡しを要求している。

＊19 **アッバ・エバン** Abba Eban 1915-2002
イスラエルの外交官、政治家。元外相（1966–74）。南アフリカのケープタウンに生まれイギリスで教育を受けた。国

連大使、駐米大使を経て国会議員になった。

＊20 **スーザン・ソンタグ** Susan Sontag 1933-
ニューヨーク生まれの作家、評論家。ヴェトナム反戦をアピールするなど、常に言論の第一線に立ってきた。「9. 11」をきっかけにメディアによる政府批判が影をひそめるなかで、「ロボットのような」ブッシュ大統領による、対テロ戦争キャンペーンの無意味さを追及する声を上げつづけた。

＊21 **バートランド・ラッセル** Bertrand Russell 1872-1970
イギリスの哲学者、数学者、平和活動家。第1次世界大戦に反対し1918年に6カ月間投獄された。55年、核兵器の廃絶を訴える「ラッセル＝アインシュタイン宣言」を発表し、57年の科学者による核軍縮と平和に関する国際会議（パグウォッシュ会議）へと発展させた。63年、バートランド・ラッセル平和財団を設立。

＊22 **オロフ・パルメ** Olof Palme 1927-1986
スウェーデンの社民主義政治家、元首相。軍縮と安全保障に関する「パルメ委員会」を主宰するなど、国際的な軍縮・反核運動にたずさわった。1986年2月、ストックホルム市内で夫人と映画を観て歩いて帰宅する途中、何者かに背後から射殺された。暗殺犯は逃亡し事件は未解決。

＊23 **バーバラ・リー** Barbara Lee 1946-
カリフォルニア州選出の連邦下院議員（民主党)。「9. 11」直後の米議会で、報復のための武力行使をブッシュ大統領に認める決議案に対して、上下両院でただ一人反対をした。「裏切り者」と非難され脅迫も受けたが屈しなかった。2002年8月に来日、同年11月の中間選挙では圧倒的な強さで再選された。

＊24 ユージン・デブス Eugene Debs 1855-1926

アメリカの社会主義者、大統領候補。蒸気機関車の機関助手となりその組合組織の書記をつとめた。1893年、アメリカ鉄道労働組合委員長。94年、ストライキ禁止大統領令違反で逮捕。97年、アメリカ社会民主党を結成し、1900年大統領選に出馬。01年、アメリカ社会党創設。第1次世界大戦時は反戦活動により投獄。20年、獄中から5度目の大統領選に立った。

＊25 ウィンストン・チャーチル

Winston Churchill 1874-1965

第2次世界大戦時のイギリス首相。元英陸軍騎兵将校。第1次大戦開戦のアスキス内閣の海相だったが、作戦失敗により更迭。ロイド・ジョージ内閣の軍需相として復活し終戦。戦後の陸相および植民地相時代の「毒ガス発言」が今に伝えられ、1944年にはドイツへの炭疽菌爆弾投下と毒ガス散布を、首相として検討した記録も残っている。

写真提供
AP/Wide World Photos
19p,29p,39p,47p,59p,65p,71p,95p,109p,125p,129p,131p,159p
Magnum Photos Tokyo
115p

ノーム・チョムスキー

一九二八年米国生まれ。マサチューセッツ工科大学教授。生成文法理論で言語学に革命を起こす。またヴェトナム戦争以来、米国の対外政策を厳しく批判し続けてきた。邦訳のある著作に『9・11 アメリカに報復する資格はない!』『チョムスキー、世界を語る』『新世代は一線を画す』『テロの帝国 アメリカ』『言語と思考』など。

鈴木主税（すずき ちから）

東京生まれ。出版社勤務の後、フリーランスの編集者を経て、翻訳家。翻訳グループ牧人舎代表。マンチェスター『栄光と夢』で翻訳出版文化賞を受賞。S・ハンチントン『文明の衝突と21世紀の日本』など訳書多数。

メディア・コントロール

集英社新書〇一九〇A

二〇〇三年 四 月二二日 第 一 刷発行
二〇一八年一〇月 八 日 第一七刷発行

著者……ノーム・チョムスキー　訳者……鈴《すず》木《き》主《ち》税《から》
発行者……茨木政彦
発行所……株式会社集英社
東京都千代田区一ッ橋二-五-一〇 郵便番号一〇一-八〇五〇
電話 〇三-三二三〇-六三九一（編集部）
〇三-三二三〇-六〇八〇（読者係）
〇三-三二三〇-六三九三（販売部）書店専用
装幀……原 研哉
印刷所……大日本印刷株式会社 凸版印刷株式会社
製本所……加藤製本株式会社
定価はカバーに表示してあります。

ISBN 978-4-08-720190-1 C0231
Printed in Japan

a pilot of wisdom

政治・経済――A

a pilot of wisdom

集英社新書　　好評既刊

権力と新聞の大問題
望月衣塑子／マーティン・ファクラー　0937-A

危機的状況にある日本の「権力とメディアの関係」を〝異端〟の新聞記者と米紙前東京支局長が語り尽くす。

戦後と災後の間 ――溶融するメディアと社会
吉見俊哉　0938-B

三・一一後の日本を二〇一〇年代、九〇年代、七〇年代の三重の焦点距離を通して考察、未来の展望を示す。

「改憲」の論点
木村草太／青井未帆／柳澤協二／中野晃一／西谷 修／山口二郎／杉田 敦／石川健治　0939-A

「立憲デモクラシーの会」主要メンバーが「憲法破壊」に異議申し立てするため、必要な八つの論点を解説。

テンプル騎士団
佐藤賢一　0940-D

巡礼者を警護するための軍隊が超国家組織に……。西洋歴史小説の第一人者がその興亡を鮮やかに描き出す。

保守と大東亜戦争
中島岳志　0941-A

戦争賛美が保守なのか？　鬼籍に入った戦中派・保守の声をひもとき現代日本が闘うべきものを炙り出す。

「定年後」はお寺が居場所
星野 哲　0942-B

お寺は、社会的に孤立した人に寄り添う「居場所」である。地域コミュニティの核としての機能を論じる。

タンゴと日本人
生明俊雄　0943-F

ピアソラの登場で世界的にブームが再燃したタンゴ、出生の秘密と日本との縁、魅惑的な「後ろ姿」に迫る。

富山は日本のスウェーデン 変革する保守王国の謎を解く
井出英策　0944-A

保守王国で起きる、日本ならではの「福祉社会のうねり」。財政社会学者が問う右派と左派、橋渡しの方法論。

スノーデン 監視大国 日本を語る
エドワード・スノーデン／国谷裕子／ジョセフ・ケナタッチ／スティーブン・シャピロ／井桁大介／出口かおり／自由人権協会 監修　0945-A

アメリカから日本に譲渡された大量監視システム。新たに暴露された日本関連の秘密文書が示すものは？

ルポ 漂流する民主主義
真鍋弘樹　0946-B

オバマ、トランプ政権の誕生を目撃し、「知の巨人」に取材を重ねた元朝日新聞NY支局長による渾身のルポ。